Fables du moulin des chiens

ISBN 978-2-84346-649-6

ZA Kerangwenn
29540 Spézet/Speied.

www.beluga-jeunesse.com
www.coop-breizh.fr

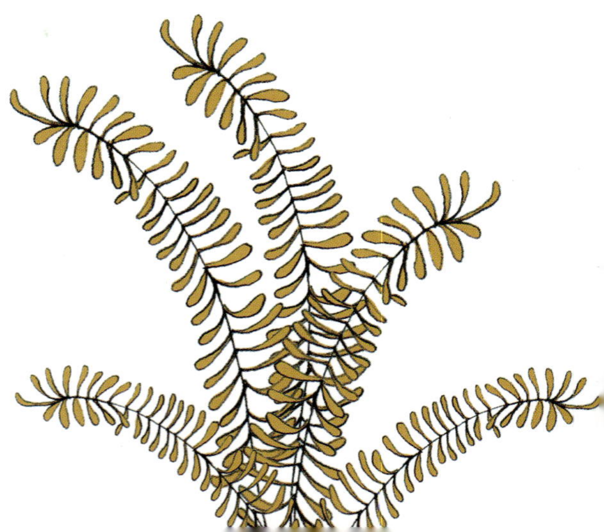

Fables du moulin des chiens

Fables de
Gérard
LE GOUIC

Illustrations de
Fanny
BRULON

beluga

Le Maître et le Chien

Un chien sédentaire chérissait les voyages.
Voyageur de métier, son maître n'aspirait
Qu'à dormir tous les soirs sous sa couette.
— Tu as bien de la chance, disait-il à l'animal,
De t'allonger chaque nuit dans ta niche natale.
— Et toi, répondait le quatre-pattes,
De changer si souvent d'oreiller.

Un jour, le chien émit cette alléchante idée :
— Et si nous échangions
Pour un temps nos situations ?
— Mais j'ai tant d'obligations…
Répondit son maître.
— Et moi j'en manque ! Essayons une fois.
— Tu es un bon chien,
Moi je ne suis pas un mauvais maître.
D'accord, tentons l'expérience.

Le chien parcourut donc le monde
Pendant que son maître se prélassait
Tantôt au soleil, tantôt à l'ombre.

L'un et l'autre se plaisaient tant
Dans leur nouvel état,
Que des poils recouvrirent l'homme solitaire
Et que le chien-voyageur perdit les siens.
La transformation fut parfaite
Le jour où l'on appela *Médor* le maître,
Et *Monsieur* l'abonné aux lignes aériennes.

Rome
New York
Colombo
Istanbul
Tokyo
Monsieur
l'abonné aux lignes
aériennes...

médor

L'échange dura un certain temps
Puis nos complices se lassèrent.
D'un commun accord ils décidèrent,
Le chien sans poils de regagner sa niche,
L'homme velu de reprendre ses affaires.

Mais l'échange avait si bien réussi
Que leur fut refusé le retour en arrière.
Le maître conserva la salopette du chien
Et le fidèle ami de l'homme le costume bien repassé
D'un président-directeur général pressé.

Quand ils se croisaient,
Ils évoquaient leur amitié passée.
Puis rapidement s'envoyaient,
L'un à son ancienne face,
L'autre à son ancien museau,
Des reproches et des condamnations.

Accablé par l'impasse de la situation,
Le poilu grava au fronton de sa niche :
Rien ne fatigue tant que le repos.

L'imberbe calligraphia
Dans son passeport recouvert de visas :
Aucun voyage ne vaut un tour
Autour de chez soi.

Et seuls les chats et les lapins
Reconnaissent aujourd'hui qui est l'homme
Et qui est le chien.

Le Chat et l'Oiseau

Le chat faisait semblant de dormir,
L'oiseau feignait de picorer,
Mais chacun observait son vis-à-vis.

Couché sur une corde de bois,
Le chat paraissait dominer la situation.
L'oiseau à respectable distance
Ne semblait pas la subir.

Craignant la déloyauté de ses congénères
Le chat maîtrisait à grand-peine sa colère.

Espérant des siens des bravos admiratifs
L'oiseau se gonflait de malice.
Et en relâcha sa vigilance.

Le chat alors bondit,
Engloutissant dans sa gueule le repas,
Mais trop gourmand,
il l'avala de travers

Et l'oiseau put reprendre l'air,
Abandonnant à l'agresseur
Quelques plumes de couleur.

De l'ovation attendue
L'oiseau ne reçut que des quolibets.
Quant au chat il ne trouva pas un dos rond
Pour alléger sa désillusion.

L'oiseau mâchonna longtemps cette maxime :
Les vivats cachent souvent la moquerie.
Et le chat celle-ci :
On est souvent le premier concurrent de soi.

La Chèvre et le Lion

De sa cage le lion observait
La chèvre dans la sienne.

— Je ne ferais qu'une bouchée de toi,
Lui envoyait-il,
Si disparaissaient ces maudits barreaux.

— J'enfoncerais dans ton ventre mes cornes,
Lui rétorquait la chèvre,
Si s'abaissait cette damnée grille,
Je perforerais ta poitrine,
Ouvrirais ta gorge.

Devant ces sévices qui l'effrayaient d'avance,
Le lion ne savait que répéter sans gloire :
— Je t'avalerais d'un coup
Si tu passais à ma portée.

— Et moi, je te déchiquetterais les joues,
Je te crèverais les yeux,
Je te percerais les tympans.
Tu ne serais plus qu'un pantin
Agité d'atroces souffrances.

Incapable d'inventer
D'aussi cruelles tortures,
Le lion ne savait que promettre
D'avaler tout cru la chèvre,
Mais sous ses menaces
Il se tassait au fond de sa cage.

Nos deux ennemis feignaient de se disputer
Car ils préparaient leur évasion ensemble
Et se juraient de vivre ensuite
Loin des cirques et des dompteurs.

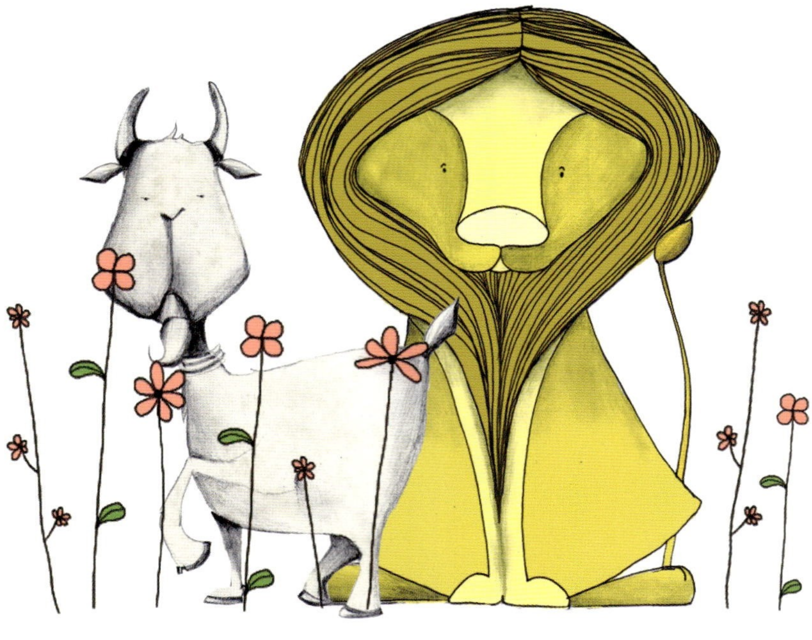

Le Renard et le Corbeau

Un renard affamé
Se hissa sur une branche
Afin de déguster en toute tranquillité
Un fromage à croûte blanche.

Un corbeau déjà repu
S'installa à l'ombre sous l'arbre
Et entreprit de harceler le renard
Qui avait répandu sur son compte
D'invraisemblables histoires.

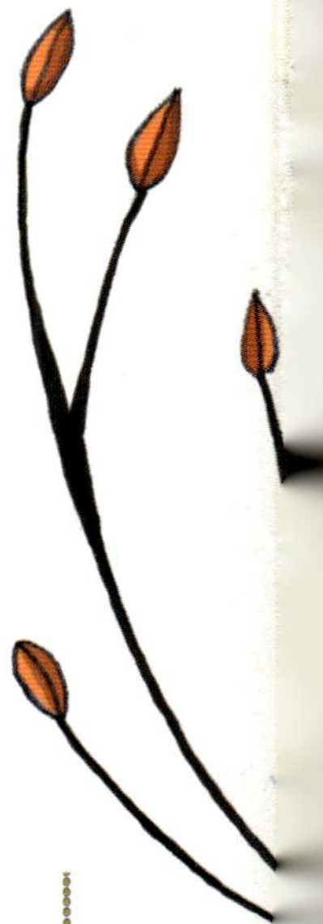

« Tu as les crocs moins aiguisés
Pour voler une maigre pitance, lui lança-t-il,
Que pour les planter dans ma réputation. »

Et il multiplia les reproches,
Et il se moqua de sa maladresse
À conserver l'équilibre sur la branche maîtresse.

Le renard en eut vite assez
D'être la cible de ces rafales.
Il ouvrit la gueule pour riposter
Et le fromage tomba
Dans le bec ouvert en bas.

Le renard sauta de sa branche,
Récupéra son fromage
Et se saisit du trouble-fête au passage.
« J'avais le dessert,
Tu me fournis le plat de résistance,
Se réjouit-il,
Tu aurais dû savoir, avec ton expérience,
Qu'à inverser les pôles
On n'hérite pas forcément du meilleur rôle.
— Et toi, lui répondit du tac au tac le corbeau,
Qu'à ouvrir si grande ta gueule de bavard
Tu ne plumerais que mon pétard. »

La Branche et le Promeneur

Un promeneur respectait un conseil de sa grand-mère :
Ne jamais revenir les mains vides
D'une promenade dans la campagne.
Il rapportait donc une fleur,
Quelques mûres ou des prunelles,
Un caillou de forme étrange,
Un morceau de bois.

Il repéra un jour dans un fossé
Une branche abattue par la tempête.
Il la chargea sur son épaule
Mais elle était lourde
Et il la déposa plus loin,
Se promettant à sa sortie suivante
De la rapprocher encore de son logis.

Un villageois qui habitait à l'opposé
Se tint le même raisonnement
Et la branche revint à son point de départ.

Le manège dura ainsi quelque temps
Puis l'un des deux rapporta
D'une traite la branche
Qu'il finissait par croire ensorcelée.

Et elle l'était.
Elle refusait la flamme dans la cheminée
Mais ne s'en allait pas moins en fumée.

Le Poisson rouge

Un poisson rouge vivait en rond.
Il était heureux dans sa maison
Et dans son jardin aux murs circulaires.

Un jour, on lui changea son air,
Comprenez : on lui changea son eau.

Pour s'amuser il joua au mort
Et son corps fut jeté dans les waters.

Il se retrouva, après une douche salutaire,
Dans la mer qui se promenait non loin.

Il dut donc apprendre à manger salé,
Puis à vivre en long
Lui qui n'avait connu que la vie en rond.

On n'imagine pas le changement
Au point de vue du caractère, des idées,
Et même de la gourmandise.

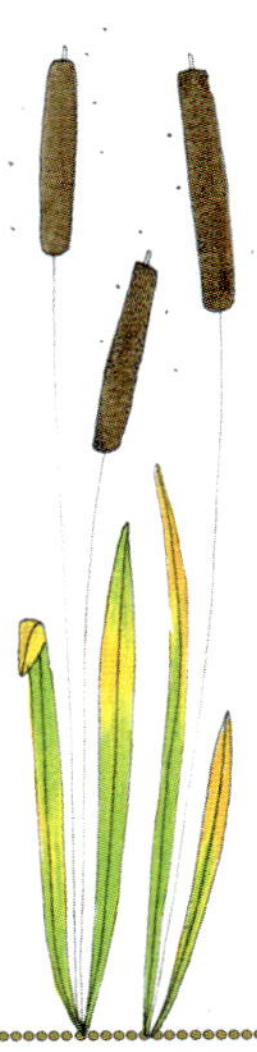

Le Paysan et la Truie

Un paysan avare conduisait chaque printemps
Sa truie dans la cellule monacale
De son mari patient.

Pendant le voyage de retour
Des émouvantes retrouvailles,
Le pingre ne cessait de lui répéter :
« Tu as de la chance, la belle,
Je te fais gagner encore une année
Avant la visite du boucher. »

Elle en grognait de contentement
Et remerciait son si généreux maître
Dans une langue que l'avare,
Occupé à compter le bénéfice de la future portée,
Ne cherchait pas à traduire.
« Et toi le vieux, calculait la truie,
Tu as encore perdu un an
Avant le glas de tes funérailles. »

Le voyage des rapides épousailles
Se renouvela pendant des années,
De même que le dialogue de sourds.
Un printemps il ne fut pas accompli
Et je vous entends vous lamenter
Sur le sort de la truie gentille
Et rose comme une tirelire.
Mais réjouissez-vous,
Ou pleurez,
Suivant l'organe de votre sensibilité :
Cœur ou papilles.

Le paysan vieillissant
Qui désirait un dernier garçon
Pour travailler à bon compte ses champs
Était mort une nuit du dernier hiver
Pendant qu'il marchandait avec la cigogne
Ou faisait des yeux doux
Sous la lune froide à un carré de choux,
Les deux hypothèses sont plausibles.

Les larmes à son enterrement furent de rire.
La truie ronde comme une pomme
Fut la seule à témoigner du chagrin.
Elle pensait à son lointain époux
Vers lequel ne la conduirait plus personne
Car pour la suite elle savait son cuir
Trop dur maintenant pour la lame du bourreau.

La Puce et l'Éléphant

Une puce chassait l'éléphant.
Un éléphant cherchait à chasser une puce.

La puce ne ratait jamais la cible,
L'éléphant ne trouvait pas la sienne.
Dans les deux cas le résultat restait le même,
Car si on n'a jamais vu
Une puce abattre un éléphant,
Un éléphant ne peut étrangler une puce.

Dans ce combat inégal et fruste
Monseigneur Éléphant est aussi faible que Dame Puce.

Mistigri!
Ron Ron?

Comme chien et chat

Un poète de renom nous dévoila son penchant
Pour les chats plutôt que pour les chiens,
Les chats se refusant au métier de policier.

Quel jugement avisé nous transmettait
Ce poète doux et lucide,
Car les chats sont de préférence
D'appartement ou de gouttière.

Les dociles chiens préfèrent danser, jongler,
Traverser des cerceaux en feu
Pour gagner la pitance de leurs maîtres.
Et observons le silence envers ceux
Qui s'attellent à des traîneaux,
Fouillent les décombres, les avalanches,
Guident les aveugles,
Nous froisserions notre rimeur.

Celui-ci perdit un jour son portefeuille
Qu'il avait bien garni.
Et d'implorer à tous les vents :
« Mistigri ! Mistigri ! » ou « Ronron ! Ronron ! »

Si vous connaissez le résultat de ses appels à l'aide
— Ronron ne déplaça pas une patte,
Mistigri ne souleva pas une paupière —
Vous ignorez le surnom dont le poète hérita.
Quant il émet une opinion, on murmure tout bas :
« Voilà bien des paroles de chat savant. »

Restons-en là et gardons-nous d'opposer
Nos quadrupèdes aimés.
L'expression « comme chat et chien »
Dénonce le commerce entre les humains.

Le Hérisson

Je ne suis pas un cactus,
Ni une pelote d'épingles,

Un gant de crin,
Ni un démêloir de cheveux,

Une planche à clous de fakir,
Ni une arme du temps jadis.

De moi partent comme d'un soleil
Des rayons et des flèches.

Étoile en toutes saisons,
Je suis le hérisson.

Certains portent sur leur dos
Leur croix ou leur maison,

D'autres sur leurs épaules
Leurs peines et leurs soucis,

D'autres dans leurs mains
La misère du monde ou son destin.

Moi, je suis le hérisson,
Je ne porte que mon buisson.

DÉPART
ARRIVÉE

La Tortue et le Lièvre

Un lièvre se flattait
De ses belles et longues jambes.

Une tortue sur ses courtes pattes
Était fière de sa ronde carapace.

Lassée des quolibets du lièvre
La tortue décida de provoquer le champion.

— Je te laisse le choix de l'épreuve,
Lui répondit le lièvre.

— Eh bien, je te défie à la course,
Lui lança la tortue.

— Tu n'y penses pas, je suis sans rival,
S'étonna le lièvre.

— Tu as bien entendu,
Lui confirma la tortue.

— Bon, mais pour ne pas te fatiguer
Pour rien, et ne pas te ridiculiser,

Nous partirons du haut d'une côte,
Le premier en bas sera déclaré vainqueur.

— Je serai celui-là,
Lui rétorqua la tortue,

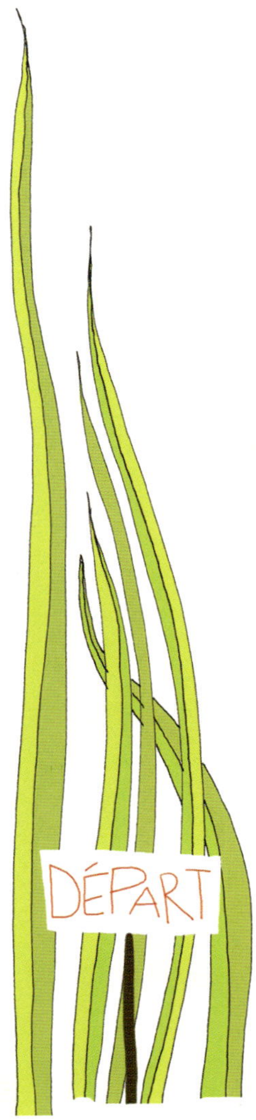

Et je gagnerai avec plus d'avance
Que mon aïeule amie du bon Jean de La Fontaine.

Les paris s'engagèrent aussitôt.
Sur la victoire du lièvre on misa gros.

Le rôle du starter fut confié à l'escargot
Qui avait joué sur la tortue
Par solidarité entre gens de lenteur.

— Un ! Deux ! Trois ! Partez !
Glouglouta l'escargot.

Le lièvre s'élança donc à grandes foulées
Pendant que la tortue se servait d'une pierre
Pour redresser à la verticale sa ronde carapace
Qui se mit alors à rouler, rouler,
Rouler à une vitesse qui devint folle.

À mi-parcours la tortue doubla le lièvre
Qui ne la reconnut pas,
Puis elle franchit la banderole
Avec une avance qui lui laissa le temps
De reprendre sa position naturelle,
De se poudrer le nez,
De se parfumer les aisselles.

Au vaincu couvert de sueur
Elle tendit une serviette
Et glissa dans son oreille cassée par la honte :
— Tu cours vite, mais après ton passé,
Moi, j'utilise ma lenteur
Pour déguster les fruits d'or du présent.

ARRIVÉE
miss plus rapide

Le Roi des animaux

Ainsi avale la mouche
Des insectes minuscules et moches
Qui croquaient des microbes.

La mouche à son tour est happée
Par une sournoise araignée
Sur laquelle un oiseau
S'abat bientôt.

Un chat sur le rebord de la fenêtre
Saisit l'oiseau qui disparaît
Sous les longues moustaches.

Et personne ne mangera le chat.

La Mouche et l'Araignée

Une araignée tissait sa toile,
Un fil à l'envers, un fil à l'endroit,
Elle serrait bien les rangées,
Pas un espace à l'endroit,
Pas un espace à l'envers,
Elle veillait à ne laisser aucun blanc,
Tant et si bien qu'elle fut prisonnière
Au centre de son chef-d'œuvre.

Une mouche l'en délivra,
On ignore comment et pourquoi,
On sait seulement que l'araignée vorace
Et la mouche qui flaire le danger partout
Sont aujourd'hui les meilleures amies.
Voilà tout !

Le Cirque en tournée

La cage était petite
Mais agréablement décorée
Avec des murs rouges,
Des barreaux dorés.

Le Lion, la Lionne et leurs Lionceaux
Regardaient un homme, sa femme et leurs enfants.
Le Lion et sa famille
S'étaient habillés en dimanche.
L'homme et les siens étaient nus
Dans la belle cage aux barreaux dorés
Et aux murs rouges comme des friandises.

Le Lion commentait
Pour la Lionne et leurs Lionceaux :
— Ce sont des humains,
Une espèce en voie de disparition.
Ils sont très intelligents, paraît-il.
Nous viendrons les applaudir ce soir
Dans leur numéro d'ordinateur
Et de lunette astronomique.

www.beluga-jeunesse.com
www.coop-breizh.fr

ISBN 978-2-84346-649-6

Impression SEPEC, Ain (01).
Numéro d'impression : 10025140112.
Photogravure Procolor, Quimperlé (29).
Dépôt légal : 2e trimestre 2014.

« Loi n°49-956 du 16/07/1949
sur les publications destinées à la jeunesse. »

Symbole spielen und erzählen

Kinder begleiten
in Schule, Gemeinde
und Familie

– In neuer Rechtschreibung –

Herausgegeben von
Dietrich Steinwede und Ingrid Ryssel

Graphische Gestaltung:
Doris Westheuser

Gütersloher Verlagshaus

Die Deutsche Bibliothek – CIP-Einheitsaufnahme

Religion – spielen und erzählen :
Kinder begleiten in Schule, Gemeinde und Familie /
Graph. Gestaltung: Doris Westheuser. –
Gütersloh : Gütersloher Verl.-Haus.
NE: Westheuser, Doris [Ill.]

Bd. 5. Symbole – spielen und erzählen

Symbole – spielen und erzählen /
hrsg. von Dietrich Steinwede und Ingrid Ryssel.
Graph. Gestaltung: Doris Westheuser. – 2. Aufl.
Gütersloh : Gütersloher Verl.-Haus, 2001
(Religion – spielen und erzählen ; Bd. 5)
ISBN 3-579-02249-0
NE: Steinwede, Dietrich [Hrsg.]; Westheuser, Doris [Ill.]

Dieses Werk folgt der reformierten Rechtschreibung und Zeichensetzung.
Ausnahmen bilden Texte, bei denen künstlerische, philologische oder
lizenzrechtliche Gründe einer Änderung entgegenstehen.

ISBN 3-579-02249-0
2. Auflage, 2001

Umschlaggestaltung: Doris Westheuser, Versmold.
Satz und Reproduktionen: Götz, Gütersloh und Weserdruckerei Rolf Oesselmann GmbH, Stolzenau
Druck und Bindung: Rhode Druck GmbH, Marienfeld
Printed in Germany

Besuchen Sie uns im Internet: http://www.gtvh.de

Vorwort

Durch Stern und Krippe, Kreuz und Taube, durch Fels und Wolke, Brot und Wein dringt unaufhörlich unser Glaube nur tiefer in dein Wort hinein.

Jochen Klepper

Symbol kommt von griechisch ›symballein‹ = ›zusammenwerfen‹. Sinnbezüge treten zusammen, verdichten sich, werden transparent für anderes, Jenseitiges, das aus den Tiefen traumhaft zukommender Erfahrung steigt. Symbole wollen im Alltag aufmerksam machen auf die Transzendenz, auf das tägliche Verwiesensein unseres Lebens in ganz andere Bereiche, in Bereiche des Unverfügbaren, des Uneingrenzbaren, des Numinosen, in Bereiche, die der Mensch von der Ratio her nicht mehr begreifen kann.
»Die Welt«, sagt der Baalschem, »ist voller großer Lichter und Geheimnisse. Nur der Mensch verdeckt sie sich mit seiner kleinen Hand.«
»Symbole sind Fenster zum Geheimnis der Welt« (H. Halbfas). Christliche Symbole sind Fenster zum Geheimnis Gottes. In den oben zitierten Worten Jochen Kleppers, bezogen auf das Kirchenjahr, ist das poetisch dicht und eindringlich ausgedrückt.

Symbole zu erkennen, zu ›sehen‹, bedarf es anderer Augen. So wie der Hirt zum König sagt: »Wie willst du mit deinen schwachen, tränenden Augen Gott sehen? Suche ihn mit anderen Augen!« (›Vom König, der Gott sehen wollte‹).
Wie absichtslos geschieht es, dass uns plötzlich das innere, das ›dritte‹ Auge geöffnet wird, das Auge des Herzens, des Glaubens. Einem solchen ›Sehen‹ ist das Wunder selbstverständlich. »Die (äußeren) Augen sind blind. Man muss mit dem Herzen sehen«, sagt Antoine de Saint Exupéry.

Allüberall sind wir umgeben von Symbolen. In diesem Heft geht es um christliche, bzw. christlich-theologisch deutbare Symbole. Symbole, die dem Glauben angemessen sind, die sein Geheimnis berühren, es aber unangetastet lassen. Es geht um Symbole, die durch Geschichten gespiegelt werden, die sich erzählen lassen. Gesucht und gefunden wurden Texte, die tiefe menschliche Wahrheit spiegeln, die zeigend und deutend den Alltag transzendieren, die als Gleichnisse der Wirklichkeit auf Vertrauen zielen, auf Ich-stärkung. Es sind Geschichten, die Rat und Wegweisung wissen gegen alles Unheile, Gefährdende, Geschichten, die Trost zu spenden wissen, dass Leid sich wandelt, Leben gut wird, Geschichten, die gut und plastisch erzählt, nie zu umfangreich sind. Es bedarf oft eines Schlüssels, diese Geschichten im Gespräch aufzuschließen: »Schläft ein Lied in allen Dingen, die da träumen fort und fort, und die Welt hebt an zu singen, weißt du nur das Zauberwort«, sagt Joseph von Eichendorff.

Märchen und Legenden sind stark vertreten. Das liegt in der Natur der Sache, sind solche Texte doch – wie viele biblische Geschichten – häufig geradezu symbolgeladen.

Kinder gehen früh mit Symbolen um. Sie leben in ungezwungener Nachbarschaft zu den Bereichen des ganz Anderen, sehen, ahnen, erspüren etwas von der Transparenz der Dinge, die sich in Symbolen spiegelt. Etwa von 8/9 Jahren ab sind sie auch in der Lage, den Begriff Symbol (›Ein Zeichen für andere Sachen‹, Kind im 3. Schuljahr) sinnvoll anzuwenden und zwar im Hinblick auf Symbolzeichen und Symbolhandlungen. Symbolgeschichten hören sie immer gern.

Was findet sich?

Drei Gruppen von Texten: Solche, die in Einzelaspekten die christlichen Festzeiten (Advent/Weihnachten, Passion/Ostern/Pfingsten, sowie Erntedank und Ewigkeit) durchdringen, solche, die Gott, Gottes Willen und Forderung, Gottes neue Welt aufscheinen lassen, sowie solche, die Tod und Leben im Diesseits transzendieren (Tür zum Leben, Brot des Lebens, Wasser des Lebens).

Im Einzelnen:

Nataschas Adventskerze lässt das unfasslich helle und warme Licht bei Gott – es ist das Licht der Hirten von Betlehem – sichtbar, fühlbar werden (›Das Licht der Kerze‹). Natascha ist ein Kind. Ebenfalls einem Kind, dem Hirtenjungen David aus Betlehem, wird der Stern zum Symbol. Es ist der Weihnachtsstern des Glaubens. David fertigt ihn aus Stroh, schenkt ihn dem Christuskind. Es ist der Stern, der Jahr für Jahr aus der Tiefe der Weltnacht wieder auftaucht, unser Dunkel zu erhellen (›Aus Stroh ein Stern‹).

Vorwort

Zur Passion bringt das Heft zwei kleine Symbolgeschichten. Beide haben das Kreuz zum Thema: Die Redewendung ›sein Kreuz tragen‹ ist Gegenstand der Legende ›Das leichte Kreuz‹, die ganz überraschend zeigt, wie sehr der Mensch in der Schwere dessen, was er als Kreuz sich auferlegt glaubt, sich zu täuschen vermag. Eindringlicher noch ist ›Kruzifix‹ von Renate Schupp: Was viele Christen kaum noch berührt, was anderen zentrales Symbol ihres Glaubens ist, erschreckt den Angehörigen einer nichtchristlichen Religion, den Vietnamesenjungen Yang, zutiefst: der Anblick des riesengroß ans Kreuz genagelten Menschen Jesus!

Ostern und Pfingsten spiegeln sich in der ›Geschichte vom Bambusbaum‹ (dieser Baum opfert sich, damit lebendiges Wasser sprudeln kann), in ›Das Veilchen am Nordpol‹ (wiederum totale Aufgabe des ›Ich‹ als Voraussetzung für neues Leben) und in dem Gedicht ›Wind, Wind, der Samen weht‹, einer sprachlich dichten Entfaltung des entsprechenden Pfingstsymbols.

Gott zu finden, ist eine Frage des Suchens im Diesseits. Das ist die Grundaussage der Symbolgeschichten zur Gottesfrage. Wer die Tür seines Hauses für Arme nicht öffnet (›Die Alte, die auf Gott wartete‹), wer die eigene Tür nicht als Verweistür zur gottgewollten Bewährung im Hier und Jetzt erkennt (›Die Tür zu Gottes neuer Welt‹), wer den Schlüssel zur Himmelsleiter nicht findet (*der* findet ihn, der sich des ärmsten Menschen, des verachtetsten Tieres, der unscheinbarsten Pflanze annimmt), ist nicht geschickt zum Reiche Gottes (›Drei Schlüssel zum Himmel‹).
Die Tür zu Gottes neuer Welt, diesseitig wie jenseitig gedacht, öffnet sich für *den* leicht und licht, der im Garten des Diesseits zu helfen und zu heilen wusste (›Das Tor des Todes und das Tor des Lebens‹). Die Glocke eines jenseitig erfüllten schwingenden Daseins bei Gott läutet nur dem, der aufsteht und geht und lauscht, der zur völligen Hingabe – gerade auch im Tanz – bereit ist (›Das Glöckchen‹). Und ein anderes Herrlichkeitssymbol, der Schatz (vgl. Matthäus 13,44), wird nur dem zuteil, der risikobereit den neuen, den anderen, den unbekannten, von allen gemiedenen Weg der Unsicherheit zu gehen wagt (›Die Straße, die nirgends hinführte‹). Ein Weg – ein Lebensweg – kann zur Himmelreich-Straße werden. Das zeigt auf andere Weise das afrikanische Märchen ›Wie das Leben durch die Welt wanderte‹, nämlich dann, wenn Bereitschaft da ist, erfahrene Güte mit Gutem zu vergelten. Auch die Brücke, die von Mensch zu Mensch führt, von der Traurigkeit zur Freude, von der Zeit in die Ewigkeit, die, dem Noahbogen ähnlich, zur Friedensbrücke wird, ist ein Weg, der im Diesseits zur neuen Welt Gottes führt (›Die anderen Brücken‹).

Brot und Wasser, Ursymbole der Menschen, ebenso unaufgebbare christliche Symbole, in den Erntedankgeschichten dieser Sammlung werden sie gewichtig. Dahinter stehen Dürre in der Welt (Hungersnot), Wasserknappheit (Durst). Mit eindringlicher Symbolkraft, auch mit moralischer Kraft sagt es das Märchen von der reichen Frau: Wer sein Herz gegenüber den um Brot bettelnden Armen verschließt, dem wird das eigene Brot zu Stein (›Die Brote von Stein‹). Das Ursymbol Brot (der Hunger von Millionen macht es heilig) steht auch hinter der Liebe, die den einen Bedürftigen das gespendete halbe Brot immer wieder einem anderen Bedürftigen weiterreichen lässt, weil er jenen für noch bedürftiger hält als sich selbst. So wird dies Brot der Liebe zu einem wahren Gottesbrot (›Das halbe Brot‹). Ganz Ähnliches steht hinter der Geschichte vom Lebenswasser, das nicht nur von leiblicher, sondern auch von seelischer Krankheit zum Tode heilt. Wo Liebe zwischen den Menschen ist, da kann lebendiges Wasser fließen (›Schawenis und das Wasser des Lebens‹).

Immer wollten die Menschen Symbol-Geschichten, gekleidet in das Gewand religiöser, poetischer Sprache. Immer wollen Kinder solche Geschichten. Immer wollen sie Phantasie, Traum, Begegnung mit dem ganz Anderen. Immer geht um die Frage: Wie viel Gott ist hier? Wie viel Gott strömt über? Immer können Brot und Wasser Leben bedeuten, zum Segen werden. Immer leuchtet im Dunkel ein Licht und für alle Ewigkeit verlischt dieses Leuchten nicht.

Symbole spielen und erzählen‹: ein bei aller Poesie, bei aller legendenhaften, märchenhaften Verdichtung ganz und gar theologisches Heft. Geschichten von den Menschen, von Gott, von Gott und den Menschen bieten sich dar. Gut wollen sie erzählt (vorgelesen), aufmerksam gehört, in meditativer Rede und Gegenrede erwogen werden. Dann können sie kreativ umgesetzt, ›gespielt‹ werden. Und dazu gibt der zweite Teil dieses Heftes viele variationsreiche Anregungen.

Dietrich Steinwede

Inhalt

Quellenhinweise

Seite 7	**Das Licht der Kerze** *Rolf Krenzer*	*Aus:* Rolf Krenzer, Adventskalender »Der Adventsbaum«, © Verlag Ernst Kaufmann, Lahr
Seite 8	**Aus Stroh ein Stern** *Else Tümmel*	*Aus:* Gertrud Mielitz (Hg.), Sei uns willkommen, schöner Stern, © Verlag Ernst Kaufmann, Lahr
Seite 9	**Das leichte Kreuz** *Russische Legende*	Textfassung Dietrich Steinwede
Seite 9	**Kruzifix** *Renate Schupp*	*Aus:* Erhard Domay, Vorlesebuch Symbole, © Verlag Ernst Kaufmann, Lahr / Patmos Verlag, Düsseldorf
Seite 11	**Die Geschichte vom Bambusbaum** *Johannes Kuhn*	© Autor
Seite 12	**Das Veilchen am Nordpol** *Gianni Rodari*	*Aus:* Gianni Rodari, Gutenachtgeschichten am Telefon, © 1964 by K. Thienemanns Verlag, Stuttgart – Wien.
Seite 13	**Wind, Wind, der Samen weht** *Wolfgang Longardt*	*Aus:* Wolfgang Longardt, Pfingsten entdecken, Verlage Christophorus, Freiburg / E. Kaufmann, Lahr, © Autor
Seite 13	**Die Brote von Stein** *Wilhelm Matthießen*	© Hermann Schaffstein Verlag, Dortmund
Seite 14	**Das halbe Brot** *Günther Schulze-Wegener*	Textfassung Dietrich Steinwede
Seite 15	**Schawenis und das Wasser des Lebens** *Christoph Nötzel*	*Aus:* D. Steinwede u.a., Meinen Bogen setz ich in die Wolken, Schulgottesdienste für die Primarstufe, Patmos Verlag, Düsseldorf 1988, © Christoph Nötzel
Seite 17	**Vom König, der Gott sehen wollte** *Leo Tolstoi*	*Aus:* Volkserzählungen – Jugenderinnerungen, übersetzt von Marianne Kegel, © Verlag Artemis und Winkler, Düsseldorf und Zürich
Seite 17	**Die Alte, die auf Gott wartete** *Zigeunermärchen*	*Aus:* Taikon erzählt Zigeunermärchen, aus dem Schwedischen von E. Schaper, © 1948 Verlag Artemis und Winkler, Düsseldorf und Zürich
Seite 18	**Die Tür zu Gottes neuer Welt** *Russische Legende*	Textfassung: Dietrich Steinwede
Seite 19	**Drei Schlüssel zum Himmel** *Manfred Kyber*	*Aus:* Das Manfred Kyber Buch, Tiergeschichten und Märchen © Meco Verlag GmbH, Dreieich
Seite 20	**Das Tor des Todes – das Tor des Lebens** *Monika Förster-Stiel*	© Autorin
Seite 22	**Das Glöckchen** *Japanisches Märchen*	*Aus:* Japanische Märchen und Volkserzählungen, ins Deutsche übertragen von J. Kondrková, Reihe »Märchen der Welt«, © 1970 Verlag Werner Dausien, Hanau
Seite 23	**Die Straße, die nirgends hinführte** *Gianni Rodari*	*Aus:* Gianni Rodari, Gutenachtgeschichten am Telefon, © 1964 by K. Thienemanns Verlag, Stuttgart – Wien.
Seite 25	**Wie das Leben durch die Welt wanderte** *Afrikanisches Märchen*	*Aus:* Afrikanische Märchen, Reihe »Märchen der Welt«, © 1970 Verlag Werner Dausien, Hanau
Seite 26	**Die anderen Brücken** *Anne Steinwart*	© Autorin

Für freundlich erteilte Abdruckgenehmigungen danken wir allen Autorinnen, Autoren und Verlagen.

Inhalt: *In der Stille des dunklen Adventsnachmittags entzündet Natascha eine Kerze. Durch die Interpretation der Mutter wird ihr das Kerzenlicht zum Symbol für das unfasslich helle und warme Licht bei Gott.*

Dunkel

Geborgenheit

Gott

Stille

Wärme

Das Licht der Kerze

von Rolf Krenzer

Ganz allein darf Natascha die dicke, rote Kerze heute Abend anzünden. Aber sie wartet, bis es draußen ganz dunkel geworden ist. Und Mutti darf hier im Zimmer nicht das elektrische Licht einschalten.
Papa hält noch immer die Streichholzschachtel mit dem einen Streichholz in der Hand. Wenn Natascha es will, dann wird er das Streichholz aufflammen lassen und es ihr reichen. Und Natascha wird dann die dicke Kerze anzünden.
Aber es ist schön, noch im Dunkeln ein bisschen zu warten. Es ist schön, weil Mutti und Papa ganz nah sind. Und Oliver sitzt still neben Mutti und wartet auch. Obwohl es dunkel ist, kann Natascha Muttis und Olivers Kopf noch ein bisschen erkennen.

»So dunkel ist es jetzt auf der Welt!«, sagt Papa leise. »So dunkel bleibt es die ganze Nacht, wenn du nicht die Kerze anzündest!«
»Die dicke, rote Adventskerze!«, sagt Oliver.
»Wir zünden sie an, weil Gott uns etwas von seinem Licht zeigen will!«, sagt Mutti.
»Ist Gott so hell wie die Kerze?«, fragt Natascha.
»Noch viel heller«, antwortet Mutti. »Und er macht es ganz warm in der Welt. Dann braucht keiner mehr zu frieren.«
»Wenn es dunkel ist, warten wir auf das Licht«, sagt Papa.
Oliver nickt. »Und Weihnachten brennen alle Kerzen«, meint er.
»Das Licht von Gott ist noch heller«, sagt Mutti. »Noch viel, viel heller!«
Natascha kann ein bisschen die Möbel im Zimmer erkennen. Und manchmal wird es vor dem Fenster ganz plötzlich hell. Das sind die Scheinwerfer der Autos auf der Straße vor dem Haus. »Viel heller als die Scheinwerfer draußen«, meint Natascha. Es ist hier drin so schön, dass Natascha am liebsten den Atem anhalten möchte. Wenn sie nicht atmet, vielleicht bleibt dann die Zeit so lange stehen.
»Jetzt zünde endlich die Kerze an!«, sagt Oliver.
»Wollen wir?«, fragt Papa.
Natascha nickt. Und Papa sieht es, obwohl es dunkel im Zimmer ist.

Das Streichholz flammt auf. Natascha greift ganz vorsichtig danach und hält es dann an den Docht der Kerze. Es dauert ein bisschen und es wird ganz warm an Nataschas Fingern. Aber dann brennt die Kerze und Natascha bläst schnell das Streichholz aus.
»Seht mal, wie Nataschas Augen glänzen!«, sagt Oliver.
»Deine auch!«, ruft Natascha. »Alle unsere Augen!« Sie sieht Papa und Mutti an.
»Das kommt von der Kerze«, sagt Mutti.
»Von dem Adventslicht!«, fügt Papa hinzu.
Mutti summt ganz leise ein Weihnachtslied.
»Das kenne ich doch!«, ruft Oliver.
Und Natascha sieht in das helle Licht der Kerze hinein. Es ist hell und warm.
Sie spürt Papas Arm um ihre Schulter und kuschelt sich ganz eng an ihn. »Die Kerze soll heute ganz lange brennen!«, sagt sie leise.

Armut
Freude
Geschenk
Gotteskind
Hirte
Stern

Inhalt: *Der arme Hirtenjunge David macht dem Gotteskind einen selbst gefertigten Stern zum Geschenk. Die Symbolik des Glaubenssternes der Weihnacht leuchtet auf.*

Aus Stroh ein Stern

von Else Tümmel (bearbeitet von Dietrich Steinwede)

Als die Hirten sich auf den Weg nach Betlehem machten, da sahen sie den großen neuen Stern. Und sie dachten an die Botschaft des Engels. Und sie gingen dem Stern nach und fanden das Kind in der Krippe auf Heu und auf Stroh. Und sie beteten zu dem Kind und sagten: »Wir wollen wiederkommen und dem Kind Geschenke bringen.«
Und sie kamen heim in ihr Hirtenlager und beratschlagten. Und da wurde von ihrem Reden und Rufen der Hirtenjunge David wach, der bei den Schafen in der Umzäunung geschlafen hatte. Verwundert und noch ein bisschen schlaftrunken hörte David, was die anderen Hirten sagten. Sie redeten von einem Gotteskind, von dem Retter der Welt.
»Ich bringe dem Kind Milch vom Mutterschaf«, rief Samuel. »Ich nehme guten Schafskäse mit«, sagte Jona. »Ich schenke ihm ein weiches Lammfell«, sprach Nahum. Benjamin wollte der Mutter des Kindes Wolle zum Spinnen mitbringen, und der fünfte von ihnen, Simon, er war der Älteste und am ärmsten, sagte: »Ich spiele dem Kind ein Wiegenlied auf meiner Hirtenflöte vor.«
Erstaunt hörte David ihre Worte. Was ist das für ein Kind?, dachte er. Gotteskind? Retter der Welt? Alle wollen ihm etwas schenken. Er hatte ja so tief geschlafen, daß auch die Botschaft der Engel nicht zu ihm gedrungen war. Jetzt aber war er hellwach: Was ist das für ein Kind? Ich möchte ihm auch etwas schenken.
Aber was hatte er? Außer seinem Hemd und seiner Hose besaß er nichts, höchstens noch die alte Jacke, aber die war so oft geflickt, dass er sie dem Kind unmöglich schenken konnte.

Auf seinem Strohlager konnte David lange nicht einschlafen. Immer sah er das Kind vor sich. Er wollte ihm so gern etwas schenken ...
Da glänzten im Licht des großen neuen Sterns ein paar Strohhalme seines Lagers auf. Sie lagen kreuz und quer übereinander und trafen sich in der Mitte. Das sah fast so aus wie ein Stern, ein Stroh-Stern. Da wusste David auf einmal, was er dem Kind schenken konnte. Er drehte sich um und schlief beruhigt ein.
Kaum begann es zu dämmern am nächsten Morgen, da war er schon wieder wach. Leise griff er nach dem Messer Benjamins, der neben ihm noch in festem Schlafe lag, und schnitt ein paar Strohhalme zurecht, legte sie zu einem Stern übereinander, drehte dann aus Schafwolle einen Faden und schlang und knotete ihn in der Mitte so um die Halme, dass ein fester schöner Stern entstand. David ließ den Stern am Faden tanzen. Wie der in der Morgensonne leuchtete und flimmerte.
Und die Hirten mit ihren Gaben machten sich wieder auf zum Stall. Und als sie unterwegs waren, da begegneten ihnen drei vornehme Herren mit ihrem Gefolge, die zogen vorbei. Und sie schauten auf zu dem großen neuen Stern.

Und als die Hirten wieder zum Stall kamen, zum Kind auf Heu und Stroh, da legte jeder sein Geschenk an der Krippe nieder. Und während der Alte noch sein Lied auf der Flöte blies, trat der Hirtenjunge David an die Krippe und legte seinen Stern hinein zu Füßen des Kindes und sprach: »Du Kind von Gott, ich bin ganz arm. Du bist ganz arm. Nimm von mir dies Geschenk der Armut.«
Da streckte das Kind die Hand aus und die kleinen Finger schlossen sich fest um einen der glänzenden Halme.
David aber kniete nieder. Und in seinem Herzen war auf einmal ein Leuchten. Er war so froh, dass er hätte jubeln können.
Und dann sah er die anderen Geschenke: Gold, Weihrauch und Myrrhe. Und da wusste er, die Fremden, denen sie begegnet waren, hatten sie gebracht, Geschenke des Reichtums.
Er aber dachte: Mein Stroh-Stern ist auch wertvoll, nein, er ist wertvoller. Denn ich habe ihn selbst gemacht, in Ehrfurcht und Liebe für das Gotteskind, er ist ein Geschenk von Herzen.

Kreuz

Inhalt: *Eine Geschichte zu der symbolischen Redewendung: ›Sein Kreuz tragen‹: Unter vielen anderen Kreuzen lässt Gott dem Menschen, dem das eigene Kreuz zu schwer schien, die Wahl. Dieser sucht und prüft lange. Schließlich entscheidet er sich für eins, das ihm besonders angenehm und leicht erscheint – es ist sein altes Kreuz.*

Gott

Last

Leichtigkeit

Mensch

Schmerz

Wahl

Das leichte Kreuz

Nach einer russischen Legende (Textfassung Dietrich Steinwede)

Ein Mensch kam zu Gott: »Herr, ich kann nicht mehr. Das Kreuz, das du mir auferlegt hast, ist mir zu schwer. Ich kann es nicht mehr tragen.«
»Gut«, sprach Gott, »du kannst dir ein anderes aussuchen.« Und Gott führte den Mann in einen Raum, wo alle Kreuze der Menschen aufgestellt waren.
»Wähle!«
Und der Mann schaute sich um. Und er sah ein dünnes Kreuz. Das schien ihm leicht. Aber es war sehr groß. Da ließ er ab davon.
Jetzt sah er ein ganz kleines Kreuz. Er bückte sich, hob es auf – da war es schwer wie Blei.
Jetzt sah er eins, das ihm sofort gefiel. Er nahm es, legte es auf seine Schulter – und schrie auf vor Schmerz. Das Kreuz hatte eine Spitze an der Seite. Die war dem Mann wie ein Dorn ins Fleisch gedrungen. Nein, dieses Kreuz wollte er nicht.
Und er schaute und prüfte und prüfte und schaute, aber immer wieder ließ er ab.
Da – ein Kreuz. Es stand versteckt. Darum hatte er es bisher übersehen. Jetzt aber: »Ja, das gefällt mir. Es ist so handlich, nicht zu schwer, nicht zu leicht, wie geschaffen für mich.«
Er sah Gott an: »Gib es mir! Das will ich gerne tragen!«
Gott sah ihn an: »Nimm es! – Es ist dein altes Kreuz!«

Kreuz

Inhalt: *»Der angenagelte Mann – warum muss er da hängen?« – Das Kruzifix (Christus am Kreuz), zentrales Symbol des Christentums, kann den Angehörigen einer anderen Religion, zumal ein Kind (hier ist es der Vietnamesenjunge Yang), zutiefst erschrecken.*

Ausländer

Erschrecken

Jesus

Kirche

Religion

Sonntag

Kruzifix

von Renate Schupp

»Weißt du, was ich gerne möchte«, sagte Yang eines Tages zu Florian. »Ich möchte mal in eure Kirche reingucken.«
Yang war Vietnamese. Er lebte zwar schon ein paar Jahre in Deutschland, aber es gab immer noch viele Dinge, die ihm fremd waren.
»Werktags ist abgeschlossen«, erklärte Florian. »Du musst am Sonntag kommen, bevor der Gottesdienst anfängt. Dann ist offen.«
Yang kam am Sonntag pünktlich nach dem ersten Läuten. Auf dem kleinen Platz vor der Kirche stand Florian mit Frau Bauer, der Küsterin, und wartete schon.

»Hallo«, rief er.
»Hallo«, erwiderte Yang. Er gab Frau Bauer die Hand und machte eine kleine Verbeugung. Und Frau Bauer sagte, ohne Zeit zu verlieren:
»Na, dann kommt mal mit, ihr beiden!«
Sie schob die Jungen vor sich her in die Kirche hinein. Drinnen war es kühl und dämmerig.
»Schau dich nur überall gut um«, sagte Frau Bauer zu Yang. »Und wenn du etwas wissen willst, kannst du mich ruhig fragen.«

Yang sah neugierig hoch und prallte zurück: Die Wand, die der Eingangstür gegenüberlag, war ausgefüllt von einem hölzernen Kreuz, an dem ein hölzerner Mensch aufgehängt war. Es war ein riesiges Kreuz. Es reichte von der Decke bis fast hinunter zum Fußboden. Der Mensch war auch riesig. Er hing mit ausgebreiteten Armen und lang gestreckten Beinen am Kreuz. Durch die Handflächen und die übereinander gelegten Füße waren Nägel getrieben. Riesige Nägel.
»Was ist das?«, fragte Yang erschrocken.
»Das?«, sagte Frau Bauer, ohne hinzusehen. »Das ist ein Kruzifix.«
»Ein Kru-zi-fix-«, sprach Florian ihm vor. Und Frau Bauer erklärte:
»Kruzifix heißt ›Der Gekreuzigte‹. Es ist Jesus am Kreuz.«

Dann fiel ihr ein, dass Yang am Ende gar noch nie etwas von Jesus gehört hatte, und sie erzählte ihm eine Kurzfassung vom Leben Jesu, so wie sie glaubte, dass Yang es verstehen konnte.
»Jesus hat den Leuten Sachen gesagt, die sie nicht hören wollten«, beendete sie ihre Erzählung. »Da haben sie ihn zu guter Letzt ans Kreuz geschlagen.«

»Aber das tut doch weh«, stammelte Yang fassungslos. Ihn schauderte bei dem Gedanken, dass ihm jemand einen solchen dicken Nagel ... Er konnte es nicht zu Ende denken. Er ballte seine Hände zu Fäusten und versteckte sie in den Hosentaschen.

Der gekreuzigte Jesus hatte den Kopf zur Seite geneigt. Sein Gesicht war schmerzlich verzerrt. Yang spürte, wie sein eigenes Gesicht sich zusammenkrampfte. Er schaute weg.
»Warum muss das da hängen?«, fragte er.

Darüber hatte Frau Bauer noch nie nachgedacht. Das Kruzifix gehörte zur Kirche wie der Altar und die Kanzel. Sie beachtete es gar nicht weiter. »Na, weißt du«, sagte sie, »das hängt eben da, weil ...« In diesem Augenblick tat oben auf der Empore die Orgel einen tiefen Ton. Die Jungen fuhren zusammen. Frau Bauer lachte.
»Ah«, sagte sie erleichtert. »Herr Koch ist gekommen. Geh, Flori, zeig deinem Freund die Orgel. Das kennt er auch noch nicht. Das gibt es nicht in dem Land, wo er herkommt.«
Florian nahm Yang am Ärmel und zog ihn zu der schmalen Treppe, die zur Empore hinaufführte. Herr Koch ließ die Orgel brausen. Er lächelte den Jungen zu und wies mit dem Kopf auf die Sitzbänke. Florian und Yang setzten sich leise und hörten zu.

»Gefällt es dir?«, fragte Florian nach einer Weile. Yang hob unentschlossen die Schultern und flüsterte:
»Ich weiß nicht, ich hab nicht zugehört. Ich muss immer an den angenagelten Mann denken.«

Baum

Inhalt: *Sich hingeben in den Tod, damit Leben sein kann. – Der Bambusbaum, der sich seiner Blätter und Äste berauben, ja sich selber spalten lässt, damit Rinnen entstehen, die sprudelndes, lebendiges Wasser auf dürre Felder leiten, wird hier zum Symbol für den Opfergedanken christlicher Passionstheologie.*

Freude
Garten
Herz
Leben
Nutzen
Opfer
Schönheit
Segen
Tod
Wasser

Die Geschichte vom Bambusbaum

von Johannes Kuhn

Es war einmal ein wunderschöner Garten. Der lag im Westen des Landes mitten in einem großen Königreich. Dort pflegte der Herr des Gartens in der Hitze des Tages spazieren zu gehen. Ein edler Bambusbaum war ihm unter allen Pflanzen, Bäumen und Gewächsen im Garten am liebsten. Jahr für Jahr wuchs dieser Bambus und wurde immer anmutiger. Er wusste es wohl, dass der Herr ihn liebte und seine Freude an ihm hatte.

Eines Tages näherte sich der Herr nachdenklich seinem geliebten Baum, und in einem großen Gefühl der Verehrung neigte der Bambus seinen mächtigen Kopf zur Erde. Der Herr sprach zu ihm: »Lieber Bambus, ich brauche dich!« – Es schien, als sei der Tag aller Tage gekommen, der Tag, für den der Baum geschaffen worden war. Der Bambus antwortete leise: »Ich bin bereit, gebrauche mich, wie du willst.«
» Bambus«, die Stimme der Herrn war ernst, »um dich gebrauchen zu können, muss ich dich beschneiden.«
»Mich beschneiden? Mich, den du, Herr, zum schönsten Baum in deinem Garten gemacht hast? Nein, bitte das nicht, bitte nicht! Verwende mich doch zu deiner Freude, Herr, aber bitte, beschneide mich nicht!«
»Wenn ich dich nicht beschneide, kann ich dich nicht gebrauchen.«

Im Garten wurde es ganz still. Der Wind hielt den Atem an. Langsam beugte der Bambus seinen herrlichen Kopf. Dann flüsterte er: »Herr, wenn du mich nicht gebrauchen kannst, ohne mich zu beschneiden, dann – tu mit mir, wie du willst.«
»Ich muss dir aber auch deine Äste abhauen.«
»Ach, Herr, davor bewahre mich! Zerstöre meine Schönheit, aber lass mir doch bitte meine Äste.«
»Wenn ich sie dir nicht abhaue, kann ich dich nicht gebrauchen.«
Die Sonne versteckte ihr Gesicht. Ein Schmetterling flog ängstlich davon. Und der Bambus, zitternd in Erwartung dessen, was auf ihn zukam, sagte leise: »Herr, schlage sie ab.«
»Mein Bambus, ich muss dir noch mehr antun, ich muss dich mitten durchschneiden und dein Herz herausnehmen. Wenn ich das nicht tue, kann ich dich nicht gebrauchen.«
Da neigte sich der Bambus bis zur Erde: »Herr, schneide und teile!«

So beschnitt der Herr des Gartens den Bambus, hieb seine Äste ab, teilte ihn in zwei Teile und nahm sein Herz heraus. Dann trug er ihn dorthin, wo nahe den trockenen Feldern aus einer Quelle frisches, sprudelndes Wasser sprang. Dort legte der Herr den Bambus vorsichtig auf den Boden. Das eine Ende des geteilten Stammes verband er mit der Quelle, das andere Ende führte er zu der Wasserrinne im Feld. Das klare, glitzernde Wasser schoss durch den zerschlagenen Körper des Bambus in den Kanal und floss auf die dürren Felder, die so sehr auf das Leben spendende Nass gewartet hatten. Dann wurde der Reis gepflanzt und die Tage vergingen. Die Saat ging auf, wuchs und die Ernte wurde eingebracht. So war der einst so herrliche Bambus wirklich zum Segen geworden.

Eis

Eisbär

Duft

Frost

Kälte

Leben

Nordpol

Schmelzen

Tod

Wärme

Inhalt: *Modernes Märchen als Symbolgeschichte: Ein Veilchen, überraschend am Nordpol erschienen, erfüllt die eisige Luft so entschlossen mit seinem süßen Duft, dass die Eiswüste dahinzuschmelzen beginnt und Raum wird für Inseln, für Häuser und Kinder. Aber: Das Veilchen geht darüber zugrunde. Genauso ist es mit Tod und Auferstehung Jesu: Einer muss anfangen mit der völligen Hingabe, damit etwas Neues beginnen kann, dass die Eiswüsten schmelzen in den Herzen der Menschen.*

Das Veilchen am Nordpol

von Gianni Rodari

Am Nordpol schnupperte ein Eisbär eines Morgens. Er roch einen ungewöhnlichen Duft in den Lüften und machte die große Eisbärin (die kleinere war seine Tochter) darauf aufmerksam: »Ob eine Expedition angekommen ist?«

Aber erst die kleinen Eisbären entdeckten es. Es war ein ganz kleines Veilchen, das vor Frost zitterte, aber mutig die eisige Luft, die es umwehte, mit seinem süßen Duft durchdrang, denn das war seine Pflicht und Aufgabe.

»Mama, Papa!«, schrien die kleinen Eisbären.

»Ich habe es ja gleich gesagt, dass etwas Sonderbares in der Luft liegt«, machte der große Eisbär als erstes seine Familie aufmerksam. »Und ich bin der Meinung, dass es sich nicht um Fisch handelt.«

»Nein, ganz sicher nicht«, sagte die große Eisbärin, »aber ein Vogel ist es auch nicht.«

»Da hast du Recht«, sagte der Eisbär, nachdem er zuerst ein gutes Weilchen über den Ausspruch seiner Gattin nachgedacht hatte.

Und noch vor Abend verbreitete sich am Nordpol die Nachricht: Ein kleines, merkwürdiges, duftendes Wesen von violetter Farbe ist in der Eiswüste aufgetaucht, es steht nur auf einer einzigen Pfote und bewegt sich nicht.

Um sich das Veilchen anzusehen, kamen Seehunde und Walrosse, aus Sibirien eilten Rentiere herbei, von Amerika die Moschusochsen und von noch weiter Weißfüchse, Wölfe und Möwen. Alle bewunderten die unbekannte Blume, ihren zitternden Stängel, alle atmeten ihren Duft ein; aber immer blieb noch genug für die neuen Besucher übrig, das Veilchen duftete wie am Morgen.

»Um so viel Duft auszuströmen«, meinte eine Robbe, »muss es eine Duftreserve unterm Eis haben.«

»Das habe ich sofort gesagt. Da steckt was dahinter, habe ich sofort gesagt«, rief der Eisbär.

Genau genommen hatte er das gar nicht gesagt, aber niemand erinnerte sich mehr daran.

Eine Möwe, die man nach dem Süden geschickt hatte, um Erkundigungen einzuholen, kam mit der Nachricht zurück, dass dieses kleine duftende Wesen sich Veilchen nenne und dass es in den warmen Ländern Millionen Veilchen gäbe.

»Jetzt wissen wir genauso viel wie vorher«, meinte die Robbe. »Wie kommt es aber, dass dieses Veilchen ausgerechnet hier aufgetaucht ist? Also, ich sag euch, was ich denke: Ich bin perplex!«

»Was hat sie gesagt?«, fragte der Eisbär seine Frau.

»Perplex. Das heißt, sie weiß nicht, was sie von der Sache halten soll.«

»Ja«, rief der Eisbär, »das ist genau das, was ich auch denke.«

Diese Nacht aber bebte der ganze Pol von einem knarrenden Stöhnen. Das ewige Eis erzitterte wie Glas und brach an manchen Stellen. Das kleine Veilchen nahm seine ganze Kraft zusammen und strömte seinen Duft aus, so stark es nur konnte, so, als ob es entschlossen wäre, auf einmal diese unendliche Eiswüste aufzutauen und sie in ein warmes, tiefblaues Meer zu verwandeln oder in eine grünsamtne Wiese. Doch diese übermächtige Anstrengung erschöpfte es vollkommen. Als der Morgen heraufdämmerte, sah man, wie es dahinwelkte, den Kopf müde auf seinen Stängel hängen ließ und Farbe und Leben verlor.

Sein letzter Gedanke muss, in unsere Sprache übersetzt, ungefähr dieser gewesen sein: ›Nun sterbe ich also ... aber irgendjemand muss doch mit Duften anfangen ... eines Tages werden Millionen Veilchen hier blühen. Das Eis wird auftauen und es wird Inseln hier geben und Häuser und Kinder.‹

Pfingsten

Wind

Inhalt: *Unter den vielen Pfingstsymbolen – Atem, Wind, Sturm, Feuer, Flammen, Taube – hat Wolfgang Longardt in seinem Gedicht den Wind als Symbol für die in Bewegung setzende, treibende, dynamische Kraft des Geistes Gottes zum Thema gemacht. Du hörst ihn rauschen, den Wind. Er weht, wie es ihm gefällt. Und er vermag einen Sturm zu entfachen, einen Sturm der Begeisterung. Dass ihnen das Herz bebt, den Menschen.*

Blätter
Blumen
Boten
Freude
Gemeinde
Geist Gottes
Herzen
Kraft
Samen

Wind, Wind, der Samen weht

von Wolfgang Longardt

Wind, Wind, der Samen weht,
leis durch die Blätter geht.
Wind, der die Sturmflut schafft:
welch eine Kraft!

Wind, der die Mühle dreht,
sacht durch die Blumen geht,
Wind, der den Sandsturm schafft:
welch eine Kraft!

Wind, der zu Pfingsten weht,
durch unsre Herzen geht.
Geist, der die Freude schafft:
welch eine Kraft!

Geist, der uns treibt wie Wind,
dass wir nun Boten sind.
Geist, der Gemeinde schafft:
welch eine Kraft!

Erntedank

Brot

Inhalt: *In dieser lapidar erzählten, märchenhaften Geschichte wird das Brot zum Symbol für das Teilen im mitmenschlichen Bereich (im Reiche Gottes mitten unter uns). Die reiche, hartherzige Frau will den hungernden Kindern der armen Frau nichts von ihrem Brot abgeben. Sie lügt, spricht ein Fluchwort über sich selbst, und das erfüllt sich. Ihr Brot wird zu Stein – bis elementarer, heilsamer Schrecken über sie kommt, bis sich ihr Herz erweicht.*

Geld
Hartherzigkeit
Hunger
Lüge
Reue
Reichtum
Stein
Strafe
Teilen

Die Brote von Stein

von Wilhelm Matthießen (bearbeitet)

Da ist einmal eine sehr arme Frau gewesen, die hatte drei Kinder. Und eine sehr reiche Frau, die hatte auch drei Kinder. Die reiche Frau war so geizig, nie hat sie der armen etwas abgeben wollen.
Nun hatte die arme Frau wieder einmal kein Brot für ihre drei Kinder. Und die Kinder hatten so großen Hunger.
Da ist die arme Frau zu der reichen gegangen und hat gesagt: »Bitte, gib mir doch ein Brot für meine armen Kinder! Die hungern gar so sehr!«
»Ich habe selber kein Brot«, sagte die reiche Frau, »wie soll ich dir denn etwas geben?«
»Ach«, sagte die Arme, »du bist doch so reich. Gewiss hast du ein bisschen Brot im Schrank.«

»Nein«, sagte die Reiche, »wenn ich auch bloß ein Stückchen habe, dann soll Gott es mir in Stein verwandeln!«
Da ist die arme Frau weggegangen und hat geweint.
Und die reiche Frau sagte zu ihren Kindern: »So, jetzt will ich euch mal ein feines Butterbrot machen.«
Und sie ging an den Schrank und wollte ein Brot herausholen. Aber da sind alle Brote im Schrank Steine gewesen.

»Das schadet nichts«, sagte die reiche Frau. Sie gab den Kindern Geld und einen Korb und sagte: »Geht zum Bäcker, Kinder, und holt drei neue Brote!«
Da sind die Kinder gegangen, aber es hat sehr lange gedauert, bis sie wiedergekommen sind.
»Warum seid ihr so lange geblieben, Kinder?«, fragte die reiche Frau.
»Mutter«, sagten die Kinder, »der Korb mit den Broten war so entsetzlich schwer.«

Da machte die reiche Frau den Korb auf – ja, und da waren auch diese Brote in Stein verwandelt.
Da ist sie erschrocken.
Gleich ist sie zum Bäcker gelaufen und hat Brot und Kuchen gekauft für die arme Frau. Und Mehl und Fleisch und Butter hat sie ihr auch mitgebracht.
»Frau«, sagte sie, »jetzt will ich nie mehr hartherzig sein! All mein Brot hat Gott in Stein verwandelt. Wenn es doch nur wieder Brot würde, das meine Kinder essen könnten!«
Und dann ist sie nach Hause gegangen, die reiche Frau. Und siehe da, alle Steine sind wieder Brot gewesen.
Und nun ist die Frau gut zu den armen Leuten gewesen.

Brot

Angst
Erinnern
Geben
Hände
Kraft
Leben
Liebe
Not
Teilen
Tod

Inhalt: *Es wandert von einem zum andern, das halbe Brot. Jeder ist bedürftig und jeder hält den anderen für noch bedürftiger. So kehrt es schließlich zu dem alten, bettlägerigen Arzt, der es ursprünglich an die kranke Tochter des Lehrers weitergegeben hatte, zurück.*
Zutiefst bewegt ist der: Solange noch Liebe da ist, die ihr letztes Stück teilt, solange muss keine Angst sein in der Welt. Im Geben, im Weitergeben dieses Gottes-Brotes ist auf Erden ein Stückchen Himmel Wirklichkeit geworden.

Das halbe Brot

von Günther Schulze-Wegener (Textfassung Dietrich Steinwede)

Das Brot war zu dem alten Vater, dem Arzt, zurückgekommen. Er hatte es umfasst mit seinen Händen. Er hatte es in einen Schrank gelegt, dieses Stückchen vertrocknetes, grau gewordenes Brot.
Kostbar war dies Brot.
Warum?
Die Kinder des Alten fragten: »Warum?«
Sie wussten keine Antwort.
Antwort wusste die alte Haushälterin: »Ja, er hat schwer krank darniedergelegen, euer Vater. Er war zutiefst erschöpft. Die Ärzte haben die Stirn gerunzelt. Sie haben gemurmelt. Mit den Achseln haben sie gezuckt.
Damals hat ein Bekannter ein halbes Brot geschickt. Er hat gesagt: ›Esst nur, Alter, dann werdet ihr zu Kräften kommen.‹
Aber euer Vater ist nicht zu Kräften gekommen. ›Im Nachbarhaus‹, hat er gesagt, ›dort liegt das Kind krank, die Tochter des Lehrers. Ich bin alt. Sie ist jung. Schickt ihr das Brot, dass sie wieder zu Kräften kommt. Ich alter Mann, ich habe nicht mehr lange zu leben.‹
So hat er gesagt. Und die Lehrersfrau bekam das Brot. Aber sie hat es nicht behalten können. Sie gab es blutenden Herzens einer alten Witwe weiter, die, allein in ihrem armseligen Dachstübchen, in tiefe Not geraten war.

Brot

Aber auch die Witwe behielt es nicht, hatte sie doch in ihrem Alter nicht mehr viel zu besorgen. Sie trug es zu ihrer Tochter mit den zwei Kindern in der kümmerlichen Kellerwohnung. Die aber erinnerte sich daran, dass ein paar Häuser weiter der alte Arzt krank lag. Kürzlich noch hatte er einen ihrer Söhne umsonst behandelt. Jetzt lag er auf den Tod. ›Das ist die Gelegenheit‹, dachte sie, ›ihm all das Gute zu vergelten.‹ Und sie nahm das Brot unter den Arm und ging damit ins Haus des alten Arztes.«
»Sofort haben wir das Brot wiedererkannt«, fuhr die alte Haushälterin fort: »Als der Doktor sein eigenes Brot wieder in Händen hielt, da war er in tiefstem Herzen erschüttert. Da hat er gesagt: ›Solange noch Liebe unter uns ist, die ihr letztes Stück teilt, solange habe ich keine Angst um uns ...‹
Das Brot hat er nicht gegessen«, erzählte die alte Haushälterin: »Nein, er hat gesagt: ›Wir wollen es gut aufheben, und wenn wir einmal kleinmütig werden, dann schauen wir es an. Dieses Brot hat viele Menschen satt gemacht, ohne dass ein Einziger davon gegessen hätte. Es ist ein heiliges Brot.‹
Ja, damals hat er das Brot in den Schrank gelegt«, erzählte die Haushälterin: »Ich weiß, dass er es oft angeschaut hat.«

Tief bewegt hatten die Kinder dem Bericht der alten Haushälterin gelauscht. Als sie geendet hatte, schwiegen sie lange Zeit. Endlich sagte der Älteste: »Ich denke, wir sollten das Brot unter uns aufteilen. Ein jeder mag ein Stück davon mitnehmen und es aufbewahren zum Andenken an unseren Vater und zur steten Erinnerung an jene verborgene Kraft, die den Menschen auch in der bittersten Not das Wort vom Brotbrechen lebendig erhielt.«

Wasser

Inhalt: *Das heilende Wasser des Lebens, das der junge Indianer in seiner verzweifelten Liebe zu der schönen, hochmütigen, todkranken Schawenis nach langem Suchen in der Wüste schließlich findet, wird für beide zu einer nie versiegenden Quelle lebendigen Wassers. Das Mädchen wird nicht nur von der leiblichen, sondern auch von der seelischen Krankheit zum Tode geheilt. Wo Liebe zwischen den Menschen ist, da kann lebendiges Wasser fließen.*

Geschenk

Hochmut

Krankheit

Leben

Liebe

Schönheit

Sterben

Traum

Warten

Wüste

Zeichen

Schawenis und das Wasser des Lebens

von Christoph Nötzel (nach einem Indianermärchen)

In einem Indianerdorf lebt ein wunderschönes Mädchen mit Namen Schawenis. Wunderbare Gewänder kann sie weben. Alle im Dorf sind begeistert davon. Ein Gewand wird schöner als das andere. Alle Frauen im Dorf reißen sich um die Gewänder von Schawenis. Immer mehr Geld bieten sie dafür.

Das macht Schawenis hochmütig: »Ich bin die Schönste und alle brauchen mich«, denkt sie. Immer mehr wächst der Hochmut in ihrem Herzen. Sie wendet sich vom Guten ab.

Die jungen Männer im Dorf aber merken das nicht. Jeder möchte Schawenis, die schöne Weberin, von Herzen gern heiraten. Einer nach dem anderen macht ihr einen Antrag. Einer nach dem anderen bringt ihr ein schönes weißes Kleid, das er selbst gewebt hat, ein Hochzeitskleid.
Aber Schawenis weist sie alle ab: »Ich brauche eure Kleider nicht. Ich kann mir meine Kleider selbst weben.«
»Du hast dich vom Guten abgewendet«, sagen die alten Leute im Dorf kopfschüttelnd zu Schawenis. »Dein Herz ist voller Hochmut.«

»Spart euch eure Reden!«, ruft sie aufbrausend: »Wenn ich Lust habe, kann ich mir für mein Geld das ganze Dorf kaufen und euch alle davonjagen.«

Ein junger Indianer aber ist von Schawenis' Schönheit so bezaubert, dass er trotz allem Tag und Nacht an einem wunderbaren Hochzeitskleid für sie webt. Als es fertig ist, geht er zu ihr: »Ich glaube an dein gutes Herz, Schawenis«, sagt er, »und darum bringe ich dir mein Hochzeitsgeschenk. Es ist ein Zeichen meiner Liebe!«
»Pah, die Mühe kannst du dir sparen«, ruft Schawenis: »Wer bist du schon! Diesen Fetzen hätte ich selbst tausendmal besser gewebt. Ich habe an mir selbst genug. Schon ganz andere Männer als dich habe ich fortgejagt. Verschwinde!«
Wortlos geht der junge Mann fort ... Die höhnische Rede des Mädchens hat ihn tief verletzt.

Bald darauf ist Schawenis schwer krank. Eine unerklärliche Müdigkeit ist über sie gekommen. Kein Glied vermag sie mehr zu rühren. Die Zunge liegt ihr wie Blei im Mund. Hilflos liegt sie da. Kein Arzt kann ihr helfen. Arme Schawenis. Ihr Gesicht ist verquollen, ihr Körper abgemagert – all ihre Schönheit ist dahin.
Auch der weise alte Mann, den die Eltern schließlich rufen, vermag ihr nicht zu helfen.

Der junge Mann aber hat einen Traum: Er sieht, wie Schawenis stirbt. Und gleichzeitig sieht er in der Wüste im Verborgenen das Wasser des Lebens strömen. Und eine Stimme spricht zu ihm: »Nur deine Liebe kann Schawenis retten. Deine Liebe wird dich in der Wüste zur Quelle des Lebens führen. Nimm einen Krug. Hole Wasser aus dieser Quelle. Gib es Schawenis zu trinken. Nur deine Liebe ist ihr Leben.«

Noch in derselben Nacht macht der junge Mann sich auf. Drei Tage lang irrt er in der Wüste umher. Nichts als glühende Sanddünen vor seinen Augen. Keine Spur von einer Quelle.
Am dritten Tag fällt er vor Erschöpfung in den heißen Sand und schläft ein. Wieder kommt ein Traum über ihn. Er sieht die liebliche Schawenis, wie sie ihm ein Lied singt, das wie das Murmeln einer Quelle klingt ...

Er erwacht. Das Murmeln der Quelle ist nicht fort. Er hört es noch immer. Woher kommt es ...?
Plötzlich weiß er es: Unter dem Sand ist die Quelle. Mit bloßen Händen beginnt er zu graben, den Sand wegzuscharren.
Er stößt auf einen großen Stein. Er gräbt den Stein heraus – da springt ihm plötzlich ein starker Wasserstrahl entgegen.

Das ist die Quelle des Lebens. Der junge Mann weiß es sofort. Er füllt seinen Krug mit Wasser aus dieser Quelle. So schnell er kann, eilt er ins Dorf zurück.
Schawenis liegt im Sterben ... Sie hat auf den jungen Mann gewartet und gewartet ... Jetzt hat sie keine Hoffnung mehr ...

Doch der junge Mann setzt ihr den Krug mit dem Wasser des Lebens an die Lippen. Schawenis trinkt – und schon der erste Schluck gibt ihr die Kräfte zurück. Sie setzt sich auf. Mit einem liebevollen Lächeln dankt sie ihrem Retter.
»Ich habe dich lieb«, sagt der junge Mann zu Schawenis.

Sonne

Inhalt: *Die Sonne mit all ihrer Glut und strahlenden Kraft ist nur ein schwaches Symbol für die Herrlichkeit Gottes. Das muss sich ein König, der Gott sucht, von einem armen Hirten sagen lassen. Wer Gott sehen will, bedarf anderer Augen, der Augen des Glaubens.*

Augen

Feuer

Glanz

Glaube

König

Schöpfung

Sehen

Wunsch

Vom König, der Gott sehen wollte

von Leo Tolstoi (gekürzt, bearbeitet)

In einem fernen Land lebte einst ein König, den am Ende seiner Tage Schwermut befiel. »Seht«, sagte er, »nun habe ich in meinem Leben alles, was nur ein Mensch erleben und mit den Sinnen aufnehmen kann, erfahren, gehört und gesehen. Nur eines habe ich nicht gesehen in meinem ganzen Leben: Gott habe ich nicht gesehen. Ihn wünsche ich noch zu sehen.«

Deshalb erließ der König an alle Machthaber, Weisen und Priester den Befehl, ihm Gott zu zeigen. Strafe wurde ihnen angedroht, wenn es ihnen nicht gelänge. Der König gewährte eine Frist von drei Tagen.

Trauer kam über die Bewohner des königlichen Palastes und alle begannen zu verzweifeln. Genau nach drei Tagen um die Mittagszeit ließ der König sie vor sich rufen. Der Mund der Machthaber, der Weisen und Priester aber blieb stumm. In seinem Zorn war der König schon bereit, das Strafurteil auszusprechen.

Da kam ein Hirte vom Felde, der von des Königs Befehl gehört hatte, und sagte: »Erlaube mir, König, deinen Wunsch zu erfüllen!« – »Gut«, sagte der König, »aber bedenke, eine harte Strafe erwartet dich.«

Der Hirte führte den König auf einen freien Platz und zeigte ihm die Sonne. »Sieh hin«, sagte er. Der König hob seine Augen und wollte die Sonne sehen. Aber der Glanz blendete ihn und er senkte den Kopf und schloß die Augen. »Willst du, dass ich erblinde?«, sagte er zu dem Hirten. »Aber König, das ist doch nur *ein* Ding der Schöpfung, ein schwacher Abglanz der Größe Gottes, ein kleines Fünkchen seines flammenden Feuers. Wie willst du mit deinen schwachen, tränenden Augen Gott sehen? Suche ihn mit anderen Augen!«

Da wurde der König sehr nachdenklich. Der Hirt aber ging von dannen.

Tür

Inhalt: *Dreimal hat die alte Frau einen Bettler von ihrer Tür gewiesen. Dreimal hat sie damit Gott abgewiesen. Zum Symbol wird die Tür: Wer sie offen hält für den, der anklopft, hält sie offen für Gott.*

Besuch

Bettler

Brot

Hoffnung

Traum

Warten

Versprechen

Die Alte, die auf Gott wartete

Zigeunermärchen

Es war einmal eine alte Frau, der hatte Gott versprochen, sie zu besuchen. Ach, liebe Freunde, sie war nicht wenig stolz darauf! Sie scheuerte und putzte, buk und tischte auf. Und dann fing sie an, auf Gott zu warten.

Eins, zwei, drei klopfte es an der Tür. Geschwind öffnete die Alte, aber als sie sah, dass da draußen nur ein armer Bettler stand, sagte sie: »Nein, in Gottes Namen, geh deiner Wege! Ich warte eben gerade auf Gott, ich kann dich nicht aufnehmen!«

Und damit ließ sie den Bettler gehen und warf die Tür hinter ihm zu.

Nach einer Weile klopfte es von neuem. Die Alte öffnete diesmal noch geschwinder als beim ersten Mal. Aber wen sah sie draußen stehen? Nur einen armen, alten Mann.

»Ach, ich warte auf Gott. Wahrhaftig, ich kann dich nicht bei mir aufnehmen!« Sprach's und machte dem Alten die Tür vor der Nase zu.

Abermals eine Weile später klopfte es von neuem an der Tür. Doch als die Alte öffnete – wer stand da, wieder ein zerlumpter und hungriger Bettler, der sie inständig um ein wenig Brot und um ein Dach über dem Kopf für die Nacht bat.
»Ach, ich warte auf Gott! Ich kann dich nicht bei mir aufnehmen!«
Und der Bettler musste weiterwandern und die Alte fing aufs Neue an zu warten. Die Zeit ging hin, Stunde um Stunde. Es ging schon auf den Abend zu und immer noch war Gott nicht zu sehen. Die Alte ward immer bekümmerter. Wo mochte Gott geblieben sein? Zu guter Letzt musste sie betrübt zu Bett gehen. Bald schlief sie ein. Im Traum aber erschien ihr Gott. Er sprach zu ihr: »Dreimal habe ich dich aufgesucht und dreimal hast du mich hinausgewiesen!«

Von diesem Tage an nehmen wir Zigeuner alle auf, die zu uns kommen. Denn wie sollen wir wissen, wer es ist, der zu uns kommt? Wahrhaftig, wir wollen nicht gern Gott von uns weisen!

Tür

Himmel

Ort (Gottes)

Sehnsucht

Weg

Welt (neue Welt Gottes)

Zeit

Inhalt: *Erneut ist die Tür tragendes Symbol: Auf der Suche nach der Tür zum Himmel, zu Gottes neuer Welt, finden zwei Mönche nach langer entbehrungsreicher Wanderung (Weg des Lebens) schließlich die Tür zum eigenen Kloster. Da wissen sie, wo Gottes neue Welt ist, im Hier und Jetzt des unmittelbar fordernden Daseins.*

Die Tür zu Gottes neuer Welt

Russische Legende (Textfassung Dietrich Steinwede)

Sie hatten ein altes Buch, die beiden Mönche. Sie lasen darin.
Am Ende der Welt gibt es einen Ort, wo Himmel und Erde sich berühren. So stand es geschrieben. Dort kann man die Tür finden zu Gottes neuer Welt.
Zu diesem Ort wollten sie. Eine große Sehnsucht hatte sie gepackt. Ja, Gott wollten sie sehen.
»Wir werden nicht umkehren«, sagten sie, »bis wir den Ort gefunden haben.«

Und sie machten sich auf, verließen ihre Mönchszelle, ihr Kloster, wanderten und ließen nicht ab, Tag für Tag immer unterwegs.
Wer zählt die Gefahren, die sie bestanden. Wer hatte je so viel zu leiden an Hunger und Durst.
Eine Tür ist dort, so hatten sie gelesen. An die müsst ihr klopfen, dann seid ihr bei Gott.
Und sie gingen und gingen und ruhten und rasteten kaum – Woche und Monat und Jahr, und da, eines Tages: die Tür.
Sie liefen mit letzter Kraft. Sie wagten kaum zu klopfen. Es bebte ihnen das Herz. Es öffnete sich die Tür. Vorsichtig schauten sie hinein.

Und da: Es war ihr Haus, ihr Kloster, ihre alte Zelle. Der Ort, an dem Himmel und Erde sich berühren, der Ort von Gottes neuer Welt, so begriffen sie, der Ort, wo du Gott findest, ist hier, an dieser Stelle, wo Gott dich hingestellt hat.

Schlüssel

Inhalt: *Schlüssel zum Himmel, so erfährt es ein König in diesem zauberhaften Märchen, finden sich im Diesseits – im liebevollen Handeln an einem verwahrlosten Kind, am kranken Tier, an der unscheinbaren Pflanze. Überall, wo Mensch, Tier und Pflanze Hilfe erfahren, blüht die Blume Himmelsschlüssel auf, Symbol für den Schlüssel, der das Tor aufgetan, den Himmel geöffnet hat.*

Armut

Blume

Engel

Garten

Gott

Himmel

Himmels-Schlüssel

Himmels-Tor

Pflanze

Reichtum

Tier

Drei Schlüssel zum Himmel

von Manfred Kyber (bearbeitet)

Es lebte einmal ein großer, reicher König zu einer Zeit, in der noch alle Menschen den hohen Berg kannten, auf dessen Gipfel die Tore des Himmels gebaut sind. Bei all seinem Reichtum sehnte sich der König danach, auch die Schlüssel zu den Toren des Himmels zu besitzen; aber keiner konnte sie ihm bringen. Eines Tages sagte ihm ein weiser Mann: »Alle Schätze der Erde kann man geschenkt bekommen, aber die Schlüssel zum Himmel muss jeder selbst suchen.«

Da stieg der König selber auf den steilen Berg bis vor die Tore des Himmels und sagte dem Engel, dem Hüter vor Gottes ewigem Garten: »Ich finde keine Ruhe, bis ich nicht die Schlüssel zum Himmel besitze.« Der Engel lächelte und sagte: »Auf der Erde blühen viele tausend Himmelsschlüssel, die von Menschen zertreten werden. Wenn du die richtigen drei findest, die nur zu deinen Füßen und für dich aufblühen, kannst du die Tore des Himmels aufschließen.«
Viele Jahre suchte der König und zertrat keinen Himmelsschlüssel, doch nie blühte eine dieser Blumen vor seinen Füßen auf.

Eines Tages bettelte ihn ein schmutziges Mädchen an, das weder Vater noch Mutter hatte. Das Hofgesinde wollte das verwahrloste Kind zur Seite drängen, der König aber setzte es zu sich aufs Pferd. In seinem Schloss ließ er es speisen und kleiden und pflegen. Da blühte zu seinen Füßen ein kleiner, goldener Himmelsschlüssel auf. Und der König ließ die Armen und Kinder im Reich zu seinen Brüdern und Schwestern erklären.
Wieder vergingen Jahre. Da erblickte der König auf einem Ritt durch den Wald einen sehr kranken Wolf. Die Höflinge wollten ihn verenden lassen, er aber trug ihn in seinen Palast und pflegte ihn selbst gesund. Und der Wolf wich nie mehr von seiner Seite. Da blühte ein zweiter goldener Himmelsschlüssel zu seinen Füßen auf. Der König aber ließ von nun an alle Tiere in seinem Reich zu Brüdern und Schwestern erklären.

Wieder vergingen einige Jahre. Da spazierte der König in seinem herrlichen Garten mit den seltensten Blumen. Und er erblickte am Wegrand eine kleine, unscheinbare Pflanze, die nahe daran war zu verdursten. »Ich will ihr Wasser bringen«, sagte der König. Doch der Gärtner wollte ihn hindern: »Es ist Unkraut; ich will es ausreißen und verbrennen; es passt nicht in diesen königlichen Garten!« Der König aber holte Wasser und die Pflanze begann wieder zu atmen und zu leben.

Nun blühte der dritte Himmelsschlüssel zu des Königs Füßen auf und das Bettelmädchen und der Wolf standen dabei. Der König aber sah auf dem steilen Berg die Tore des Himmels weit, weit geöffnet.
Auch heute blühen diese drei Himmelsschlüssel noch und sie leuchten heller und schöner als alle Edelsteine und Blumen der Welt.

Angst
Friede
Garten
Glück
Hoffnung
Jenseits
Kraft
Leben
Liebe
Phantasie
Schönheit
Traurigkeit
Zeit
Zerstörung

Inhalt: *Magische Kraft geht von dem Tor des Todes aus, durch das alle Menschen aus dem Garten des Lebens wieder hinausmüssen. Ganz unterschiedlich reagieren sie auf diese unerbittliche Tatsache: Der eine resigniert am Dasein. Der andere sucht das Leben voll genießerischer Gier an sich zu reißen. Der dritte aber nutzt die Lebenszeit im Garten zum Helfen und Heilen. Ihm wird das Symbol-Tor zur anderen Welt ein fried- und hoffnungsvoller Durchgang.*

Das Tor des Todes – das Tor des Lebens

von Monika Förster-Stiel

Vor einer Zeit – unendlich fern, unendlich nah – gab es einen wundersamen Garten, dessen Schönheit kaum zu ermessen war. Hatte ein Mensch das Wesen dieses Gartens erkannt, er konnte nicht aufhören, davon zu erzählen.

Der Garten war von einer dichten, undurchdringlichen Hecke umgeben. Niemand konnte von außen durch sie in den Garten hineinsehen; niemand, der sich im Garten befand, konnte durch die Hecke hinausschauen.

An zwei Stellen war die Hecke unterbrochen. An der einen befand sich eine schmale Öffnung zwischen den Zweigen. Immer, wenn diese Öffnung sich weitete und jemand durch sie in den Garten vorgedrungen war, schlossen sich die Zweige unwiederbringlich, und es gab kein Zurück. Auf der gegenüberliegenden Seite der Hecke war ein großes Tor. Dieses hatte die seltsame Eigenschaft, sein Aussehen wandeln zu können. Je nachdem, wie es von einem Menschen angesehen wurde – voller Angst oder voller Ehrfurcht und Hoffnung –, hatte es dunkle, schreckliche Farben und wuchtige Flügel, oder es erschien leicht gebaut und mit freundlichen Farben angestrichen.

Eine Kraft ging aus von diesem Tor. Sobald ein Mensch den Boden des wundersamen Gartens betreten hatte, begann diese Kraft auf ihn zu wirken und ihn auf das Tor hin zu ziehen. Früher oder später wusste es jeder in diesem Garten: Ich muss einmal dort hinaus, durch das große Tor, unwiederbringlich. Niemand war jemals durch dieses Tor in den Garten zurückgekehrt. Niemand wusste, was sich hinter dem Tor befand.

Eines Tages zwängte sich ein Mensch durch die Öffnung in den Zweigen der Hecke. Kaum hatte er den Boden des Gartens betreten, da begann die Kraft des großen Tores auf ihn zu wirken. Anfangs merkte er es nicht. Er schaute sich im Garten um. Er entdeckte all die Schönheiten. Doch als er auf die Bäume und Blumen zugehen wollte, spürte er, wie es ihn zog. Gebannt begann er auf das große Tor zu starren. Was mochte dahinter sein? Lange grübelte er. Schließlich meinte er es zu wissen. Und er ließ resigniert die Hände sinken, mit denen er gerade eine der wunderbaren Früchte pflücken wollte. Ohne noch einmal einen Blick auf die Kostbarkeiten des Gartens zu verschwenden, ließ er sich zu dem großen Tor treiben. Er bemerkte nicht mehr, wie sehr der Garten voller Leben war von Tieren und Menschen, die auf ihn zukamen und seine Aufmerksamkeit suchten.

Der Mensch näherte sich dem großen Tor. Finstere Flügel öffneten sich, schlossen sich, und er war verschwunden.

Schon kam ein anderer durch die Öffnung der Hecke. Auch auf ihn begann die Kraft des Tores zu wirken, als er den Boden des Gartens berührte. Auch er bemerkte dies nicht gleich. Wie sein Vorgänger entdeckte er die herrlichen Dinge des Gartens. Er machte sich einen Plan, wie er sie nutzen und genießen wollte.

Doch dann wurde auch ihm die Kraft, die ihn zog, bewusst. Und es geschah, dass das große Tor ihm die Zeit nahm, den Garten zu genießen. Was mochte dahinter sein? Er versuchte, es sich vorzustellen. Schließlich meinte er es zu wissen. Und dies Wissen versetzte ihn in Panik. Er begann, sich auf alles, was er im Garten bekommen konnte, zu stürzen. Von einem Apfelbaum nahm er sich sämtliche Früchte. Er schlang sie in sich hinein. Beim Pflücken riss er die Zweige des Baumes achtlos mit ab. Er begann, auch Blumen herauszureißen, sie achtlos wegzuwerfen. Er zertrampelte die Beete. Er achtete nicht auf die vielen Tiere im Garten, auf die Menschen. Wollte sich jemand eine Frucht nehmen, er stieß ihn beiseite und nahm sich die Frucht selbst. Hatte jemand eine Blume gepflückt, er entriss sie ihm. Alles wollte er haben, und doch, je mehr er sich nahm, desto gieriger wurde er, sein Hunger ließ sich nicht stillen.

Schließlich kam er in die Nähe des großen Tores. Hinter ihm lag der Garten verwüstet da. Und die Menschen und Tiere waren voller Verletzungen und ihre Augen waren voller Angst.

Die geheimnisvolle Kraft zog ihn auf das große Tor zu. Er wehrte sich mit allen Kräften. Doch es gab kein Zurück. Noch während er durch die geöffneten Flügel gezogen wurde, versuchte er an sich zu reißen, was gerade noch zu fassen war. Als das Tor zuzuschlagen begann, fiel ihm alles aus den Händen. Er verschwand.

Und schon kam ein dritter Mensch durch die Öffnung der Hecke. Und wieder geschah dasselbe wie bei den beiden anderen. Kaum hatte dieser den Boden des Gartens berührt, begann auch an ihm die Kraft zu wirken. Sein Blick fiel auf den herrlichen Garten: die Blumen, die versteckten Lauben, die frischen Quellen. Er beugte sich zu einer Quelle hinab und trank. Er begann die Blumen zu betrachten und sie zu pflegen. Er freute sich an ihrer Schönheit. Eine Blume, die abgeknickt war, stützte er durch einen kleinen Ast, den er vorher zurechtgeschnitten hatte.

Dann aber spürte auch er die Kraft, die ihn vorwärts zog. Er entdeckte das große Tor. Er bemerkte, dass die Kraft von diesem Tor kam. Er überlegte: Was mag wohl hinter dem Tor sein? Nachdenklich ließ er seinen Blick über die Schönheiten des Gartens gleiten. Und er sah das pulsierende Leben, die Tiere, die Menschen. Er ging auf sie zu, sie kamen auf ihn zu. Sie machten ihn glücklich und manchmal auch traurig. Und alles, was er von ihnen und von dem wundersamen Garten empfing – es kam ihm vor, als ob es ihm von liebenden Händen gegeben wurde.

Liebende Hände ...

Auf einmal glaubte er zu wissen, was sich hinter dem Tor befand. Und er begann daraufhin noch bewusster durch den Garten zu gehen. Im Einklang mit der Kraft, die das große Tor aussandte. Mit noch offeneren Augen, mit noch bereiteren Händen, mit hoffendem Herzen ging er durch den Garten. Unendlich lang. Schließlich kam auch er zu dem Tor. Er wusste: Ich muss hindurch. Es gibt kein Zurück. Traurig, aber friedvoll, in großer Ruhe ließ er sich geleiten. Leichte Flügel öffneten sich, herrliche Farben erstrahlten ...

Und wenn die Zeit – unendlich fern, unendlich nah – noch nicht vergangen ist, dann gibt es den Garten, die Hecke mit ihrer Öffnung, das große Tor immer noch.

Rätsellösungen:

Seite 28: Gott segne und behüte
uns durch deine Güte.
Herr, erheb dein Angesicht
über uns und gib uns Licht.

Seite 29: Wir folgen dem Stern, der uns zu Jesus führt – Sternsinger

Seite 30: Rätsel 1: Das Kreuz ist das Zentralsymbol der Christenheit
Rätsel 2: Jesus ist fuer uns am Kreuz gestorben

Seite 36: Sessel – Säge – Eichel – Birne – Tasse – Brille – Messer – Elefant =
Jesus sagt: Ich bin das Brot des Lebens

Seite 44: Wo ein Wille ist, ist auch ein Weg.

Garten

Glöckchen

Glückseligkeit

Lachen

Läuten

Meer

Mönch

Tanz

Traurigkeit

Wind

Zufriedenheit

Inhalt: *Zauberhaft ist dieses silberne Glöckchen, das einen alten buddhistischen Mönch, wenn er seinem lieblichen Läuten lauscht, zum Tanzen bringt, danach einen vom Pech verfolgten Apotheker, danach zwei Schüler des Mönchs, danach alle, alle, die es hören.*

Für den Christen lässt dies Märchen aus Japan die erhoffte endzeitliche Welt Gottes aufscheinen, da kein Schreien und Weinen, kein Tod mehr ist, vielmehr ewige schwingende Glückseligkeit in der Herrlichkeit des Herrn, eine Freude, die niemand fassen kann (1. Petrus 1,9).

»Wenn der Herr die Gefangenen Zions erlösen wird, dann werden wir sein wie die Träumenden« (Psalm 126,1).

Das Glöckchen

Japanisches Märchen

In einem Städtchen am Meer lebte einst bei seinem Tempel ein alter Mönch. Er liebte es, auf der Veranda zu sitzen und aufs Meer hinaus zu schauen. Um sich aber nicht so allein zu fühlen, hatte er am Dach über der Veranda ein silbernes Glöckchen angebracht. Es hing an einem breiten Streifen Papier, auf dem ein wunderschönes Gedicht geschrieben stand. Sobald der Wind nur ein kleines bisschen wehte – und am Meer weht er ständig –, bewegte sich das Papier und das silberne Glöckchen läutete gar lieblich. Der alte Mönch saß auf der Veranda, schaute aufs Meer, lauschte dem Läuten des silbernen Glöckchens und lächelte zufrieden.

In dem gleichen Städtchen lebte auch der Apotheker Mohej. Schon lange Zeit hatte er nichts als Pech, alles misslang ihm, und er war so traurig, dass er sich nicht mehr zu helfen wusste. In seiner Not machte er sich eines Tages auf den Weg zu dem Mönch, um seinen Rat zu erfragen. Als er aber den Alten so zufrieden auf seiner Veranda sitzen sah und das beruhigende Läuten des silbernen Glöckchens hörte, wusste er mit einem Schlage, dass das Glöckchen auch ihn froher machen würde, wenn er so dasitzen und ihm zuhören könnte. Er überlegte nicht lange und bat den Mönch, ihm das Glöckchen wenigstens für einen einzigen Tag zu überlassen.
»Warum soll ich es dir nicht leihen«, sagte der Mönch freundlich. »Doch vergiss nicht, es gleich morgen Früh wiederzubringen, denn ohne das Glöckchen wäre ich sehr traurig.«
Mohej dankte ehrerbietig und versprach, am nächsten Tag wiederzukommen. Dann ging er nach Hause und hängte das Glöckchen über der Veranda auf. Es begann zu läuten, und Mohej wurde es so leicht ums Herz, und die Welt erschien ihm auf einmal so schön, dass er zu tanzen begann.
Am nächsten Tag war der Mönch schon vom Morgen an übel gelaunt. Immer wieder ging er vor den Tempel und schaute nach dem Apotheker aus. Aber Mohej kam und kam nicht. So verging eine Stunde, eine zweite, und als der Apotheker zu Mittag noch immer nicht mit dem Glöckchen erschienen war, rief der Mönch seinen kleinen Schüler Taro und befahl ihm: »Lauf in die Stadt zu dem Apotheker Mohej. Er hat sich gestern mein silbernes Glöckchen geliehen und sollte es heute Früh zurückbringen. Erinnere ihn daran und sage ihm, dass ich schon ungeduldig warte.«
Taro lief zu dem Apotheker, aber kaum war er in dessen Garten getreten, blieb er stehen. Er hörte das fröhliche Läuten des Glöckchens und sah den Apotheker, der mit fliegenden Ärmeln und Schößen im Garten herumtanzte. Taro wusste nicht gleich, wie er ihn ansprechen sollte. Da wurde ihm auf einmal so fröhlich ums Herz, dass auch er zu tanzen begann.

Eine Stunde verging, eine zweite – der Apotheker war immer noch nicht erschienen und Taro kam auch nicht zurück. Der alte Mönch schüttelte den Kopf, und weil er immer trauriger wurde, rief er seinen zweiten Schüler, Dschiro, und befahl ihm: »Lauf zu dem Apotheker Mohej und sage ihm, er möge mir mein silbernes Glöckchen zurückgeben. Und solltest du unterwegs Taro begegnen, so richte ihm aus, er solle sich schämen, seinem Lehrer so schlecht zu gehorchen.«

Glocke

Dschiro lief, so schnell er nur konnte. Als er zum Haus des Apothekers kam, hörte er fröhliches Geläut und sah zu seiner Verwunderung den Apotheker und Taro im Garten tanzen. Und ehe er sich noch entscheiden konnte, ob er zuerst Taro für sein Versäumnis rügen oder den Apotheker an die Rückgabe des Glöckchens mahnen sollte, drehte auch er sich im Kreise und vergaß die Welt. Wieder war eine Stunde vergangen und bald auch die zweite. Die Sonne neigte sich schon dem Horizont zu. Aber weder der Apotheker noch einer der beiden Schüler ließen sich blicken. Der alte Mönch konnte sich das nicht erklären. Er wurde so traurig wie nie zuvor.

Schließlich hielt er es nicht mehr aus. Er zog seine Sandalen an und machte sich selbst auf den Weg zum Hause des Apothekers.
Noch ehe er in den Garten trat, hörte er das zarte Läuten seines geliebten Glöckchens und fröhliches Lachen. Und bald darauf sah er, wie sich der Apotheker und seine beiden Schüler an den Händen hielten. Sie tanzten nach links und dann wieder nach rechts, und ein seliges Lächeln lag auf ihren Gesichtern.
Der Mönch schüttelte den Kopf und wusste nicht recht, wie er sich das erklären sollte. Aber er wunderte sich nicht lange. Auf einmal war alle Traurigkeit verflogen, die Füße begannen von allein zu hüpfen, der Mönch lächelte dem Apotheker zu, reichte die eine Hand Taro und die andere Dschiro, und dann tanzten sie alle vier.

Wie das weiterging? Ja, wenn wir das wissen wollen, müssten wir jemanden in den Garten des Apothekers schicken. Nur weiß ich nicht, ob er auch zurückkäme. Denn wenn er den lieblichen Klang des Glöckchens hört und die vier tanzen sieht, wird er alles vergessen und mittanzen. Und so müssten wir einen zweiten schicken und dann einen dritten, vierten ...
Schließlich bliebe uns nichts anderes übrig, als selbst hinzugehen, und auch wir würden zu tanzen beginnen. Na, und das geht natürlich nicht, dass alle Menschen nur tanzen und tanzen. – Oder?

Weg

Inhalt: *Die Straße ins Ungewisse ist eine Straße ins Leben. Das erfährt der kleine Martino Dickkopf, der als Einziger entschlossen und risikobereit in die geheimnisvoll-unbekannte dritte Richtung der dreifach sich teilenden Straße zu gehen wagt. Die Wagenladung Kostbarkeiten, die er gewinnt, ist (christlich gedeutet) Symbol für die Herrlichkeit Gottes, der Weg als Weg vom Dunkel zum Licht eine Himmelreichs-Straße.*

Bewegung

Dunkel

Entschlossenheit

Garten

Gottes neue Welt

Mut

Nirgendwo

Reichtum

Risikobereitschaft

Die Straße, die nirgends hinführte

von Gianni Rodari

Wo das Dorf zu Ende ging, teilte sich die Hauptstraße in drei Straßen, eine zum Meer, die zweite zur Stadt und die dritte nirgendwohin. Martino wusste das gut, denn er hatte schon jedermann darüber ausgefragt und von allen die gleiche Antwort bekommen.
»Die Straße da? Die führt nirgends hin. Auf der braucht man gar nicht zu gehen.«
»Und wo kommt sie her?«
»Die kommt von nirgends her.«
»Aber warum hat man sie denn dann gebaut?«
»Niemand hat sie gebaut. Sie war schon immer da.«
»Aber ist ihr denn nie jemand nachgegangen, um zu sehen, wohin sie führt?«
»Ei, du hast aber einen Dickkopf! Wenn man dir doch sagt, dass da nichts zu sehen ist ...«
»Das kann man doch nicht wissen, wenn noch niemand bis dahin gegangen ist, wo sie aufhört.«
Und er war so hartnäckig, wenn es sich um die Straße handelte, dass die Leute anfingen, ihn Martino Dickkopf zu nennen. Aber er machte sich gar nichts daraus und dachte eben heimlich an die Straße, die nirgendwohin führte.

Schatz

Schmerz

Straße

Tor

Ungewissheit

Wagnis

Weg

Ziel

Als er groß genug war, um allein über eine Straße gehen zu können, ohne dass sein Großvater ihn bei der Hand führte, stand er eines Morgens früh auf, wanderte zum Dorf hinaus und ohne Zögern auf der geheimnisvollen Straße immer weiter und weiter.
Der Boden war voller Löcher und Unkraut, aber da es zum Glück lange nicht geregnet hatte, gab es keine Pfützen. Rechts und links wuchs eine Hecke, doch bald begann dichter Wald. Die Äste der hohen Bäume waren so ineinander verflochten, dass sie einen kühlen, dunklen Gang bildeten, nur hie und da leuchtete ein Sonnenstrahl wie eine Lampe auf. Martino ging und ging, aber der dunkle Gang nahm kein Ende. Martino taten die Füße weh und er fing schon an darüber nachzudenken, ob er nicht besser umkehren sollte, als er plötzlich einen Hund entdeckte.
»Wo ein Hund ist, da ist auch ein Haus«, überlegte er, »oder wenigstens ein Mensch.«
Der Hund lief schweifwedelnd auf ihn zu und leckte ihm die Hände. Dann trabte er vor ihm her, die Straße entlang, und drehte sich immer wieder um, als wollte er sehen, ob ihm Martino noch folge.
»Ich komme schon, ich komme«, sagte Martino, der neugierig geworden war. Endlich begann sich der Wald zu lichten, der Himmel kam wieder zum Vorschein, und die Straße endete vor einem großen, eisernen Tor.

Durch die Gitterstäbe des Tores sah Martino ein Schloss, in dem alle Türen und Fenster weit offen standen, aus allen Schornsteinen stieg Rauch auf, und von einem Balkon winkte ihm eine wunderschöne Frau und rief ihm fröhlich zu: »Nur vorwärts, vorwärts, Martino Dickkopf!«
»Oh«, freute sich Martino, »ich hab nicht gewusst, dass ich hierher gelangen würde, aber *sie* hat es gewusst.«
Er machte das Tor auf, lief quer durch den Park und betrat den Saal des Schlosses gerade in dem Augenblick, in dem die schöne Frau die Treppe herunterstieg. Er verbeugte sich vor ihr. Sie war wirklich wunderschön und trug prächtigere Kleider als alle Feen und Prinzessinnen der ganzen Welt. Dabei war sie guter Dinge und lachte: »Also, du hast nicht daran geglaubt?«
»An was?«
»An die Geschichte von der Straße, die nirgendwohin führt.«
»Das war mir zu dumm. Und meiner Meinung nach führt jede Straße zu einem Ort.«
»Sicher. Man muss nur Lust haben und sich in Bewegung setzen, dann findet man ihn. Aber nun komm, ich will dir das Schloss zeigen.«

Da gab es mehr als hundert Zimmer, und in jedem waren die kostbarsten Schätze, wie in den Schlössern im Märchenbuch, wo das schöne Dornröschen schlief oder wo die Menschenfresser ihre Reichtümer anhäuften. Diamanten waren da, Gold, Silber und Edelsteine, und immer wieder sagte die schöne Frau zu Martino: »Nimm, nimm, was dir gefällt. Ich leihe dir einen Wagen, damit du alles wegfahren kannst.«
Könnt ihr euch vorstellen, dass sich Martino lange hätte bitten lassen?
Der Wagen war voll bis oben hin, als er an die Rückkehr dachte. Auf dem Kutschbock saß der Hund und führte die Zügel; es war nämlich ein abgerichteter Hund, der die Pferde anbellte, wenn sie einnickten oder gar vom Weg abkamen.

Im Dorf wurde er mit großer Verwunderung empfangen. Der Hund lud Martinos Schätze auf dem Dorfplatz ab, wedelte zum Abschied mit dem Schwanz, stieg wieder auf den Bock und verschwand in einer dichten Staubwolke. Martino beschenkte alle reichlich, Freunde und Feinde, und musste wohl hundertmal von seinem Abenteuer erzählen, und stets rannte schnell jemand weg, wenn Martino seinen Bericht beendet hatte, um zu Hause schnurstracks Wagen und Pferde zu holen und sich nach der geheimnisvollen Straße aufzumachen, die nirgendwohin führte.

Doch einer nach dem anderen kehrte verärgert, mit langem Gesicht, noch am gleichen Abend zurück. Für jeden hatte die Straße mitten im tiefen Wald aufgehört, vor einer undurchdringlichen Mauer aus Bäumen, in einem wahren Dornenmeer.
Weder das eiserne Tor war zum Vorschein gekommen noch das Schloss, noch die schöne Frau, weil manche Schätze nur demjenigen in den Schoß fallen, der als Erster einen neuen Weg einschlägt. Und der Erste war eben Martino Dickkopf gewesen.

Inhalt: *Auf seinem Weg durch die Welt hat das personifizierte Leben drei Kranke geheilt. Nach sieben Jahren kehrt es in Gestalt seiner früheren Krankheit zu den jeweils Geheilten zurück. Zwei reagieren abweisend. Sie haben nichts aus ihrer Heilung gelernt. Der dritte aber zeigt Freundlichkeit und Solidarität. Nur dieser bleibt für immer geheilt.*
Es gibt einen Tod vor dem Lebensende. Das lässt dieses eindringliche Märchen symbolhaft transparent werden.

Blindheit
Dankbarkeit
Erbarmen
Freundlichkeit
Gesundheit
Heilung
Krankheit
Leben
Liebe
Mensch
Solidarität
Vergessen
Wanderung
Wandlung
Welt

Wie das Leben durch die Welt wanderte

Afrikanisches Märchen

Eines Tages begab sich das Leben auf die Wanderschaft durch die Welt. Es ging und ging, bis es zu einem Menschen kam. Der hatte so geschwollene Glieder, dass er sich kaum rühren konnte.
»Wer bist du?«, fragte der Mann.
»Ich bin das Leben.«
»Wenn du das Leben bist, so kannst du mich vielleicht gesund machen«, sprach der Kranke.
»Ich will dich heilen«, sagte das Leben. »Aber du wirst mich und deine Krankheit bald vergessen.«
»Wie könnte ich euch vergessen!«, rief der Mann aus.
»Gut. Ich will in sieben Jahren wiederkommen. Dann werden wir ja sehen«, meinte das Leben. Es bestreute den Kranken mit Staub vom Wege. Kaum war das geschehen, ward der Mann gesund.

Dann zog das Leben weiter und kam zu einem Leprakranken.
»Wer bist du?«, fragte der Mann.
»Ich bin das Leben.«
»Das Leben?«, sagte der Kranke. »Da könntest du mich ja gesund machen.«
»Das könnte ich«, erwiderte das Leben. »Aber du wirst mich und deine Krankheit bald vergessen.«
»Ich vergesse euch bestimmt nicht«, versprach der Kranke.
»Nun, ich will in sieben Jahren wiederkommen, dann werden wir ja sehen«, sprach das Leben. Es bestreute den Mann mit Staub vom Wege, und der Kranke ward sogleich gesund.

Wieder begab sich das Leben auf die Wanderschaft. Nach vielen Tagen kam es schließlich zu einem Blinden.
»Wer bist du?«, fragte der Blinde.
»Das Leben.«
»Ach, das Leben!«, rief der Blinde erfreut. »Ich bitte dich, gib mir mein Augenlicht wieder!«
»Das will ich tun. Aber du wirst mich und deine Blindheit bald vergessen.«
»Ich werde euch bestimmt nicht vergessen«, versprach der Blinde.
»Nun gut, ich will in sieben Jahren wiederkommen, dann werden wir ja sehen«, sagte das Leben, bestreute den Blinden mit Staub vom Wege, und der Mann konnte wieder sehen.

Als sieben Jahre vergangen waren, zog das Leben wieder in die Welt. Es verwandelte sich in einen Blinden und ging zuerst zu dem Menschen, dem es das Augenlicht wiedergegeben hatte.
»Bitte, lass mich bei dir übernachten«, bat das Leben.
»Was fällt dir ein?«, schrie der Mann. »Scher dich weg! Das fehlte mir gerade noch, dass sich hier jeder Krüppel breit macht.«
»Siehst du«, sagte das Leben. »Vor sieben Jahren warst du blind. Damals habe ich dich geheilt. Und du versprachst, deine Blindheit und mich niemals zu vergessen.«
Darauf nahm das Leben ein wenig Staub vom Wege, streute ihn auf die Spur dieses undankbaren Menschen. Und von Stund an wurde er wieder blind.
Dann ging das Leben weiter. Und es gelangte zu dem Menschen, den es vor sieben Jahren von der Lepra befreit hatte. Das Leben verwandelte sich in einen Leprakranken und bat um Obdach. »Pack dich!«, schrie der Mann. »Du wirst mich noch anstecken!«
»Siehst du«, sagte das Leben. »Vor sieben Jahren habe ich dich von der Leprakrankheit geheilt. Damals hast du versprochen, mich und deine Krankheit nie zu vergessen.«

Darauf nahm das Leben ein wenig Staub vom Wege und streute ihn auf die Spur des Mannes. Im selben Moment wurde der Mann wieder von der Leprakrankheit befallen.

Schließlich verwandelte sich das Leben in einen Menschen, dessen Glieder so geschwollen waren, dass er sich kaum rühren konnte. So besuchte es jenen Mann, den es vor sieben Jahren zuerst geheilt hatte.
»Könnte ich bei dir übernachten?«, fragte ihn das Leben. »Gern. Komm nur herein«, lud der Mann das Leben ein. »Setz dich, du Armer. Ich will dir etwas zu essen machen. Ich weiß recht gut, wie dir zu Mute ist. Einst hatte ich ebensolche geschwollenen Glieder. Gerade sind es sieben Jahre her, als das Leben hier vorüberkam und mich gesund machte. Damals sagte es, dass es nach sieben Jahren wiederkommen wolle. Warte hier, bis es kommt. Vielleicht wird es auch dir helfen.«
»Ich bin das Leben«, sagte das Leben. »Du bist der Einzige von allen, der weder mich noch seine Krankheit vergessen hat. Deshalb sollst du auch immer gesund bleiben.«
Als es sich dann von dem guten Mann verabschiedete, sagte es noch: »Ständig wandelt sich das Leben. Oft wird aus Glück Unglück. Not verwandelt sich in Reichtum, und Liebe kann in Hass umschlagen. Kein Mensch sollte das jemals vergessen.«

Brücke, Regenbogen

Dunkelheit
Ewigkeit
Freude
Gegenwart
Licht
Mensch
Regenbogen
Träumen
Traurigkeit
Zukunft
Zeit

Inhalt: *Traumbrücken baut der alte Brückenkonstrukteur – von der Gegenwart zur Zukunft, von Mensch zu Mensch, von der Dunkelheit zum Licht, von der Traurigkeit zur Freude, von der Zeit in die Ewigkeit. Das Kind aber malt ihm die Brücke aller Brücken, die Symbolbrücke des Regenbogens, seit Gottes Bund mit Noah die Friedensbrücke des Glaubens.*

Die anderen Brücken

von Anne Steinwart

Du hast einen schönen Beruf«, sagte das Kind zum alten Brückenbauer, »es muss sehr schwer sein, Brücken zu bauen.«
»Wenn man es gelernt hat, ist es leicht«, sagte der alte Brückenbauer, »es ist leicht, Brücken aus Beton und Stahl zu bauen. Die anderen Brücken sind sehr viel schwieriger«, sagte er, »die baue ich in meinen Träumen.«
»Welche anderen Brücken?«, fragte das Kind.
Der alte Brückenbauer sah das Kind nachdenklich an. Er wusste nicht, ob es verstehen würde. Dann sagte er: »Ich möchte eine Brücke bauen von der Gegenwart in die Zukunft. Ich möchte eine Brücke bauen von einem zum anderen Menschen, von der Dunkelheit in das Licht, von der Traurigkeit zur Freude. Ich möchte eine Brücke bauen von der Zeit in die Ewigkeit über alles Vergängliche hinweg.«

Das Kind hatte aufmerksam zugehört. Es hatte nicht alles verstanden, spürte aber, dass der alte Brückenbauer traurig war. Weil es ihn wieder froh machen wollte, sagte das Kind: »Ich schenke dir meine Brücke.« Und das Kind malte für den Brückenbauer einen Regenbogen.

LICHTERSCHIFFCHEN basteln:

Rindenschiffchen

Suche im Wald ein dickes Rindenstück (z.B. von Fichten oder Eichen) und schnitze es mit einem Taschenmesser in die gewünschte Form. Aber Vorsicht: Baumrinde lässt sich leicht bearbeiten, bricht aber auch leicht! Setze je nach Größe 1-3 Teelichter in dein Schiffchen.

Walnussschiffchen

Ziehe aus Teelichtern die Dochte heraus und klebe sie in unbeschädigte Walnuss-Hälften. Schmelze das Wachs der Teelichter in einer leeren Blechdose (nicht zu heiß werden lassen!) und gieße das flüssige Wachs vorsichtig in die Nusshälften.

Diese Lichterschiffchen vertragen kein stürmisches Fahrwasser, also lass sie am besten zu Hause in einer mit Wasser gefüllten Schüssel schwimmen.

LATERNE, LATERNE...

Material: schwarzes oder farbiges Tonpapier · Seidenpapier in verschiedenen Farben · Bleistift · Lineal · Schere · Klebstoff · Draht · Flachzange · Holzstab · Teelicht

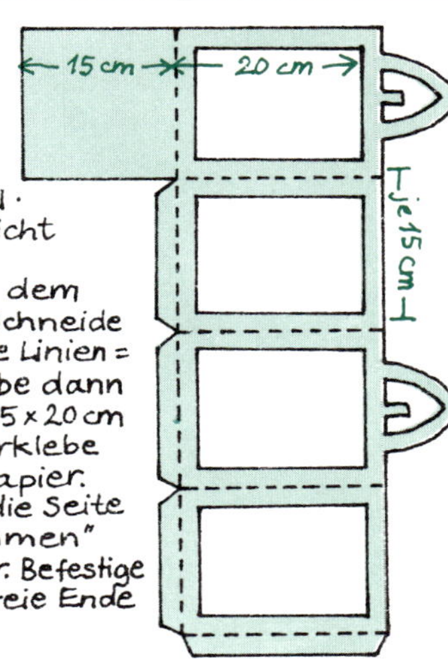

Zeichne die Laterne mit Bleistift und Lineal nach dem nebenstehenden Schema auf das Tonpapier auf. Schneide dann die Form mit der Schere aus (durchgehende Linien = schneiden, gestrichelte Linien = falzen). Hinterklebe dann die entstandenen „Fenster" mit Seidenpapier (je 15 x 20 cm groß) und schmücke sie nach Belieben aus. Hinterklebe auch die „Kerzenflammen" mit gelbem Seidenpapier. Falte dann die Laterne zusammen und klebe die Seite und den Boden fest. Halte die Spitzen der „Flammen" mit einem Stück Draht (17 cm lang) auseinander. Befestige ein weiteres Drahtstück am Holzstab, biege das freie Ende zum Haken und hänge die Laterne dort auf.

Kerze

Laterne

Advent

Weihnachten

Das Licht ist adventlich-weihnachtliches Ursymbol. Wo Lichter in der Dunkelheit entzündet werden, wird es hell und warm. Alle zu Weihnachten leuchtenden Lichter (z.B. Martinslichter, Licht von Betlehem über den Hirten) werden transparent hin auf das ewige Licht bei Gott.

Licht

Segen

Gebet

Glauben

SILBENRÄTSEL

Streiche die Namen der oben abgebildeten Dinge aus der oberen Silbentafel und die der unten gezeigten aus der unteren oder male die betreffenden Kästchen farbig aus.

Glo	Gott,	Ker	seg	pe	Gum
ne	schen	bal	Ka	und	ter
lam	be	mi	hü	Blu	te
Luft	ze	uns	Ta	cke	lon
durch	me	len	dei	stie	ne
ling	Gü	fel	Schmet	te.	der

kan	Te	Herr,	Ba	Au	'er
Brief	heb	Ham	Son	dein	mar
An	na	le	ge	Ver	sicht
pel	kehrs	über	ke	mann	ne
uns	Gieß	ge	und	zei	gib
ne	uns	ne	fon	Licht.	chen

Die übrig gebliebenen Silben ergeben, waagrecht von oben nach unten gelesen, einen Segenswunsch. Schreibe ihn hier auf:

- -

- -

- -

- -

D.W.

Die Bibel stellt sich Gottes Angesicht lichterfüllt vor. Sonntag für Sonntag wird es im Segen zugesprochen: »Der Herr lasse sein Angesicht leuchten über dir.« Jesus sagt: »Ich bin das Licht der Welt.« (Joh. 8,12)

Sternsinger

Strohstern

Material: Pro Stern 4 gebügelte Strohstücke gleicher Länge (8–12 cm) * doppelseitiges Glanzpapier * Schere * Nadel und Faden * evtl. 2 Holzperlen

(A) Schneide aus dem Glanzpapier ca. 6x6 cm große Quadrate aus und falte sie in 4 Schritten zur „Tüte". (B) Male mit dem Bleistift die Schnittlinien auf (ca. 5 mm Abstand) und zerschneide die „Tüte" in einzelne Ringe. (C) Lege nun ein Strohstück auf einen Papierring. (D) Lege das zweite Strohstück waagrecht darüber. (E) Schiebe nun das dritte Strohstück unter dem Papierring über die gekreuzte Mitte der ersten beiden Stücke auf die andere Seite durch. (F) Schiebe das vierte Strohstück auf die gleiche Weise auf der anderen Seite ein. (Zeichnungen C–F). Durch Verschieben der Strohstücke kannst du einen 2., 3. oder 4. Papierring „einweben".

Grundsätzlich gilt: Je mehr Papierringe eingesetzt werden, desto stabiler ist der Stern.

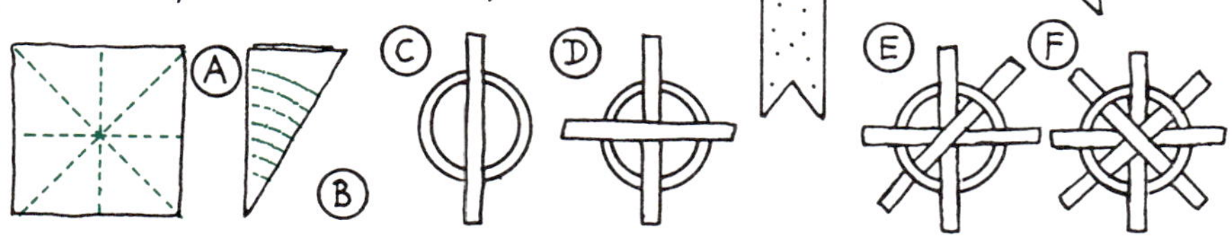

In der Weihnachtsgeschichte des Matthäus ist der Stern kosmisches Zeichen für die Geburt des Weltenheilandes. Einmal im Jahr taucht er aus der Tiefe der Weltnacht auf, kein Himmelskörper, sondern ein Stern des Glaubens.

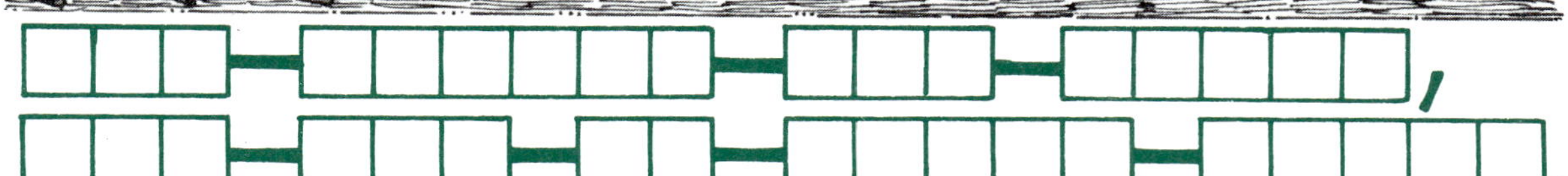

Ordne die Wörter und Wortteile auf den Sternen zu einem sinnvollen Satz und schreibe ihn in die oberen Kästchen. In der richtigen Reihenfolge ergeben die Buchstaben auf den Mänteln ein neues Lösungswort. Schreibe es in die unteren Kästchen. D.W.

Der alte Brauch des Sternsingens zum Epiphaniasfest, verbunden mit dem Sammeln von Gaben für die hungernden Kinder der Welt, sollte nicht nur katholischen Kindern vorbehalten bleiben.

Kreuz

Passion

Jesus

Ostern

Der Lösungssatz bietet den Einstieg in ein Gespräch über die Bedeutung des Kreuzes für uns.

Das Kreuz als christliches Zentralsymbol hat symbolische Doppelfunktion: Es verweist einerseits auf die totale Erniedrigung Jesu im Tod als Verbrecher am Richtpfahl (Todeskreuz), andererseits ist es sieghaftes Zeichen für die Überwindung des Todes. Dann erscheint es als Lebenskreuz, oft mit hervorsprießenden Blättern (das tote Holz schlägt wieder aus). Mit Gold und Edelsteinen geschmückt, wird es zum Triumphkreuz des herrscherlichen Christus.

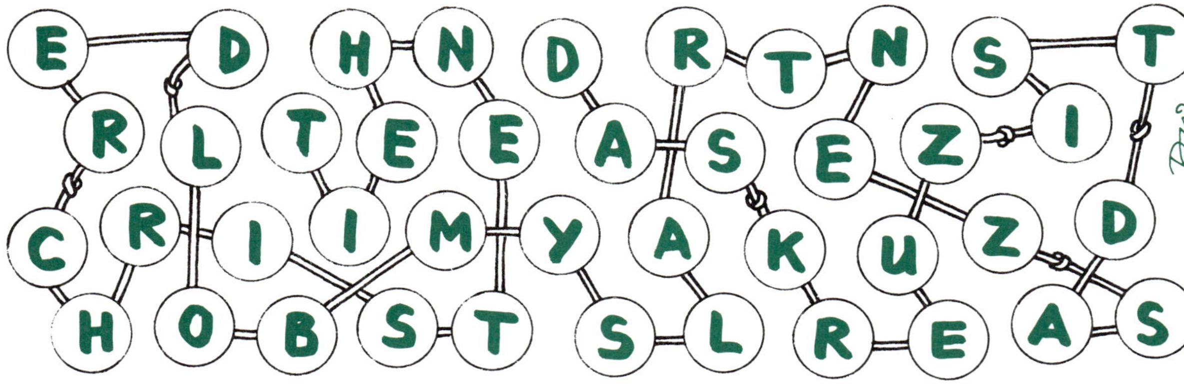

Suche den Anfang der Kette und folge ihr immer geradeaus von Buchstabe zu Buchstabe...

M	A	T	G	O	R	S	X	J	E	T	K	S	L
T	S	O	P	U	C	L	H	B	A	R	Z	S	F
D	M	K	J	E	R	I	Z	S	O	T	K	O	L
G	F	O	S	U	B	E	R	C	D	F	G	U	K
L	N	P	Q	S	R	A	M	K	T	R	V	E	U
W	Z	G	K	A	C	B	E	D	G	F	I	L	K
G	G	H	K	N	M	E	S	T	P	O	Q	O	R
B	E	T	Z	V	W	X	Z	N	Y	B	A	K	D

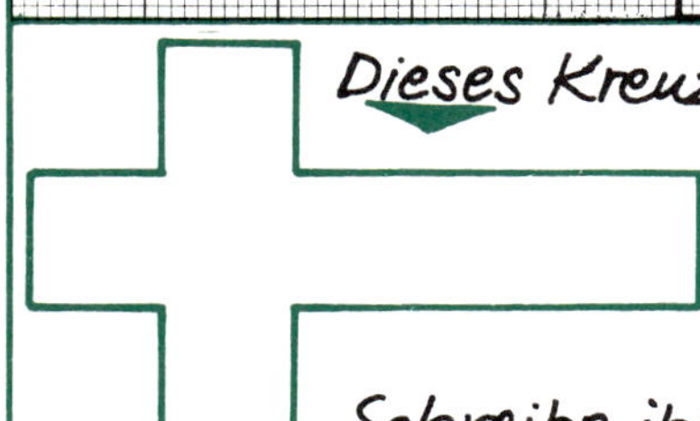

Dieses Kreuz ist hier 13x (in allen Richtungen liegend) versteckt. Male alle gefundenen Kreuze mit einem Buntstift farbig aus.
Die übrig gebliebenen Buchstaben ergeben, waagrecht von oben nach unten gelesen, den gesuchten Lösungssatz. Ü = UE

Schreibe ihn hier in die Kästchen:

D.W.

Leiden

Not

Elend

Krieg

Hunger

Collage: Ein Kreuz aus Kreuzen

Benötigtes Material:

- braunes Tonpapier
- weißes Papier
- Zeitungsbilder
- Scheren
- Klebstoff

So wird's gemacht:

1 Das braune Tonpapier wird als großes Kreuz zusammengeklebt. Aus dem weißen Papier werden kleine Kreuze geschnitten, auf die noch kleine Zeitungsfotos passen.

(Man kann die kleinen Kreuze auch erst dann schneiden, wenn man die Bilder hat und die Größe dann den einzelnen Fotos anpassen).

2 Aus Zeitungen werden kleine Fotos ausgeschnitten, auf denen Kreuze unserer Zeit abgebildet sind: Alles, worunter Menschen leiden und wodurch menschliches Leben bedroht ist. Diese Bilder werden auf die kleinen weißen Kreuze geklebt.

3 Die weißen Kreuze werden in bildlich sinnvoller Weise auf dem braunen Tonpapierkreuz angeordnet und aufgeklebt.

Jesus trug den Querbalken seines Kreuzes durch die Straßen Jerusalems nach Golgata. »Sein Kreuz tragen müssen«, heißt in der Redewendung, Beschwernis des Lebens, Kummer und Sorge aushalten müssen.

Das Kreuz aus Kreuzen kann auch für ein Klage- oder Bitt-Gebet eingesetzt werden: nacheinander legen die Kinder ihre mit einem Bild beklebten weißen Kreuze auf das große Kreuz und nennen dabei die abgebildeten »Kreuze unserer Zeit«. Anschließend kleben sie die kleinen Kreuze fest.

Baum

Umwelt

Schöpfung

Verant-
wortung

Der Baum hat als Symbol eine sehr alte Tradition. Mythische Bäume gab es zu allen Zeiten bei vielen Völkern der Welt. In den Weltreligionen erscheinen sie als Kosmos-Bäume, z.B. die Weltesche Yggdrasil bei den Germanen, der Bhodi-Baum bei den Buddhisten, oder die beiden Paradiesbäume aus der Bibel in Genesis 2,9.

Bäume standen als Orakelbäume, Gerichtseichen oder Tanzlinden im Mittelpunkt des Lebens. Man findet sie in Kunst, Sprache und Brauchtum der Völker weltweit.

In der Rinde vieler Bäume kannst du Gesichter und Landschaften entdecken. Wenn du eine solche Landschaft in deinem Zimmer haben willst, kannst du mit einem großen dicken Stück Knete einen Abdruck davon machen. Transportiere ihn vorsichtig nach Hause und gieße ihn mit Gips aus. Auch von Blättern lassen sich solche Abdrücke und Gipsabgüsse herstellen.

Spielt mal „Ich sehe was, was du nicht siehst, und das ist ...!" Ihr werdet staunen, wie viele Dinge aus Holz gemacht sind. Oder spielt „Alles, was Flügel hat, fliegt" mal anders: Alles, was aus Holz ist ...

Jeder Baum ist einzigartig und hat seine ganz persönliche Gestalt. Das kannst du noch besser fühlen als sehen. Lass dich mal im Wald von einem bestimmten Standort aus mit verbundenen Augen zu einem Baum führen. Lass deine Hände rund um den Stamm auf Entdeckungsreise gehen: Wie fühlt sich die Rinde an? Gibt es Astlöcher oder Zweige in Reichweite? Wie dick ist der Stamm? Zum Ausgangspunkt zurückgeführt, drehst du dich ein paarmal um dich selbst und nimmst die Augenbinde ab: Erkennst du „deinen" Baum wieder?

Zu fällen
einen schönen
Baum,
braucht's eine
halbe Stunde
kaum.
Zu wachsen,
bis man ihn
bewundert,
braucht er,
bedenk es,
ein Jahrhundert.

Eugen Roth

Was Bäume können:

Setze die fehlenden Vokale ein:

S. . . rst . ff
z . m .tm . n
pr. d . z . . r . n

d . . .rd .
f . sth . lt . n

St. . b .nd G . ft
. . s d . r L . ft
f . lt . rn

.ns . r. S . . l .
.rfr . . . n

D.W.

Blumen-Herz

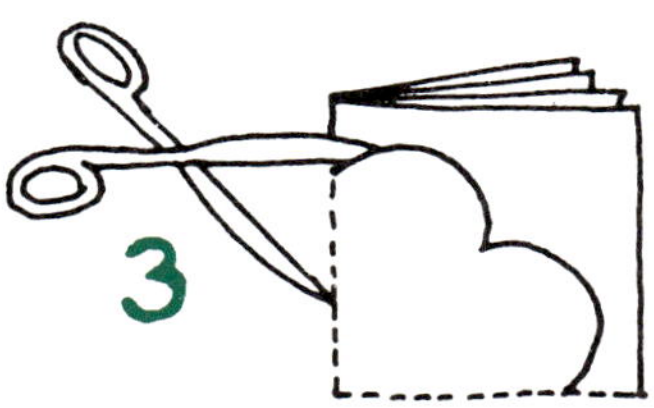

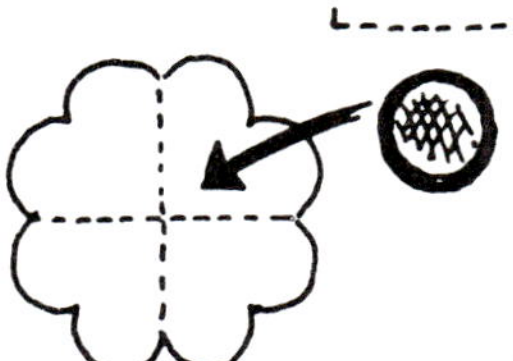

1 Zuerst schneiden wir aus Schreibmaschinenpapier ein Herz in der gewünschten Größe aus, übertragen den Umriss auf grünes Tonpapier oder Pappe und schneiden ihn mit der Schere aus. Die Blumen können wir auf unterschiedliche Weise herstellen:

2 Für ein kleines Herz eignen sich Kartoffeldruck-Blüten und -Blätter, die mit Wasserfarben auf weißes Papier gestempelt, ausgeschnitten und aufgeklebt werden.

3 Wir können auch mit der Schere aus farbigem Tonpapier oder Geschenkpapier Blüten ausschneiden und 2–3 verschieden große Blüten ineinanderkleben. Blütenstempel und Staubfäden malen wir mit Filzstiften auf.

4 Für ein großes Herz eignen sich plastische Blüten besonders gut. Dazu schneiden wir Krepp- oder Seidenpapier in Streifen (z. B. 4 x 10 oder 5 x 15 cm). Diese Streifen wickeln wir zu lockeren Röllchen und binden jeweils ein Ende mit einem Faden ab oder umkleben es mit Klebeband. Durch Umbiegen der Oberkanten zupfen wir die Blüten in Form und kleben oder nähen sie auf dem Herz fest.

5 Aus Tonpapier schneiden wir Blätter in unterschiedlichen Formen, Größen und Grüntönen. Blätter und Blüten sollen das Herz dicht an dicht ausfüllen.

Freude

Schönheit

Geschenk

»Die Blume ist Symbol irdischer Schönheit und Lieblichkeit, Bild der Tugen-den der Seele« (Gerd Heinz-Mohr). Für die Romantiker war dies die geheimnisvolle »Blaue Blume«.

Die Lilie steht in der christlichen Bildsymbolik für die Reinheit Marias.

Mehr als jede andere Blume ist die Rose in verschiedenen Kulturen als Sinnbild für Jugend, Reinheit, Vollkommenheit, irdische Liebe und Wiedergeburt in das Bewusstsein der Menschen getreten. Die gotische Fenster-Rose in den Kirchen ist Symbol der Ewigkeit.
In unseren Tagen drücken Blumen Freude, Zuneigung und Liebe aus, wenn wir sie anderen Menschen schenken.

Wind

Bewegung

Kraft

Pfingsten

WIR BASTELN EIN Windrad

① 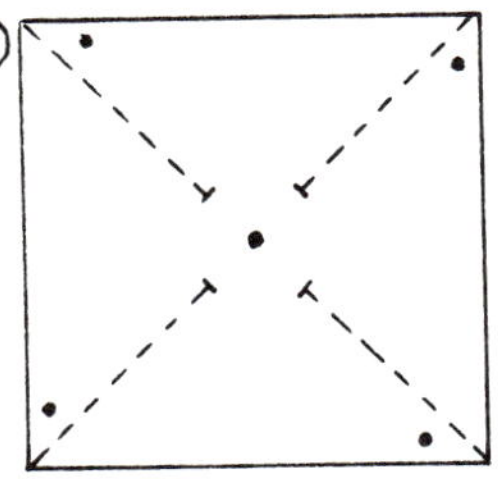

② 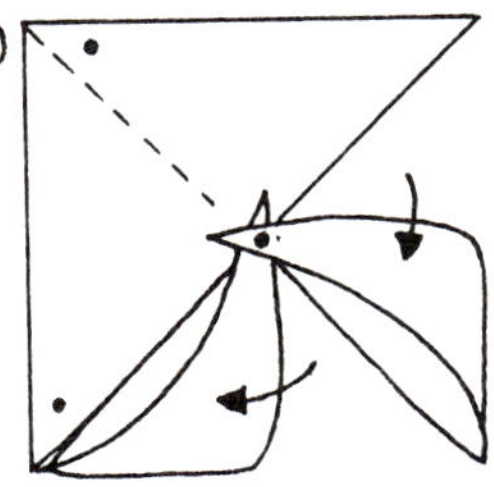

Entweder dünnen Nagel in eine Holzleiste hämmern oder starken Draht verwenden.

Zwei Holz- oder Glasperlen verhindern, dass sich das Windrad festklemmt, es muss sich frei drehen können.

① Bemale einen quadratischen Bogen dünnen Karton (ca. 20 x 20 cm oder größer) von beiden Seiten mit schönen bunten Mustern. Schneide dann mit der Schere die gestrichelten Linien ein und durchbohre die aufgezeichneten Punkte vorsichtig mit einer Nadel.
② Stecke erst eine Holzperle, dann den bemalten Karton durch das mittlere Loch auf den Nagel bzw. Draht. Anschließend die Ecken leicht umbiegen (nicht falten!), ebenfalls nacheinander durch die vorgebohrten Löcher aufstecken, dazu die 2. Holzperle und alles befestigen wie ③.

Windbüchlein

MATERIAL: Viele gleich große Zettel (ca. 5 x 6 cm), Buntstifte, Heftklammern

Auf die rechte Hälfte der kleinen Zettel immer die gleiche Szene malen: Einen Baum vor blauem Himmel, von der Sonne beschienen. Von Blatt zu Blatt ändert sich das Bild in kleinen Schritten: Der Baum wird vom Wind geschüttelt (neigt sich zur Seite), gleichzeitig schiebt sich eine dunkle Wolke von links vor die Sonne. Wer noch weiter malen will, kann die Wolke nach und nach wieder am rechten Bildrand verschwinden lassen.
Die einzelnen Blätter nun der Reihe nach sorgfältig aufeinanderlegen und am linken Rand mit Heftklammern zusammenheften.
Jetzt kann man mit dem rechten Daumen „den Wind wehen" lassen, d.h. die Blätter nacheinander so schnell abblättern lassen, dass es aussieht, als würden sich Wolke und Baum im Wind bewegen.

Windbilder

MATERIAL: dicke Haarpinsel, große Papierbögen, Wasserfarben, Trinkhalme

Die Pinsel gut anfeuchten und satt mit Farbe tränken. Dann vorsichtig (spritzt!) über einem Papierbogen ausschlagen, damit dicke Farbtropfen auf dem Papier liegen. Diese Tropfen dann durch Pusten auseinandertreiben. Dadurch entstehen sehr interessante Figuren. Durch gezieltes Pusten durch einen Trinkhalm lassen sich die Formen der einzelnen Farbkleckse ziemlich gut steuern. Auf diese Weise kann auch gut ein Gemeinschaftsbild entstehen.

Wind ist das Symbol für die Dynamik des Geistes Gottes zu Pfingsten. Er wird zum Sturm der Begeisterung, zum Brausen.

Atmen, neu atmen (Schöpfungsatem Gottes), ist wie der Anfang zu allem.

Was Brot alles sein kann:

Friedensbrot gegen den Hass.

Stärkungsbrot gegen die Mutlosigkeit.

Hoffnungsbrot gegen die Angst.

Versöhnungsbrot gegen den Streit.

Vertrauensbrot gegen den Zweifel.

Fällt euch noch mehr dazu ein?

Zuwendung

Hunger

Gebet

Hoffnung

Frieden

Teilen

Schneidet aus braunem Fotokarton (oder aus Wellpappe) ein großes Brot aus und zerlegt es in mehrere Teile. Klebt auf die Rückseiten ausgeschnittene Bilder zu den Themen Ernährung, Wasser, Wohnung, Kleidung, Gesundheit usw., zum Beispiel Fotos aus den Materialien von „Brot für die Welt" oder aus Zeitschriften.

Beim **KLAGEGEBET** zu Situationen des Mangels an täglichem Brot in der Welt legt ihr die Brotstücke so aus, dass die Bilder sichtbar sind. Bei der jeweils passenden Bitte dreht ihr die einzelnen Teile um. So wird deutlich: BROT ist, was Menschen zum Leben brauchen.

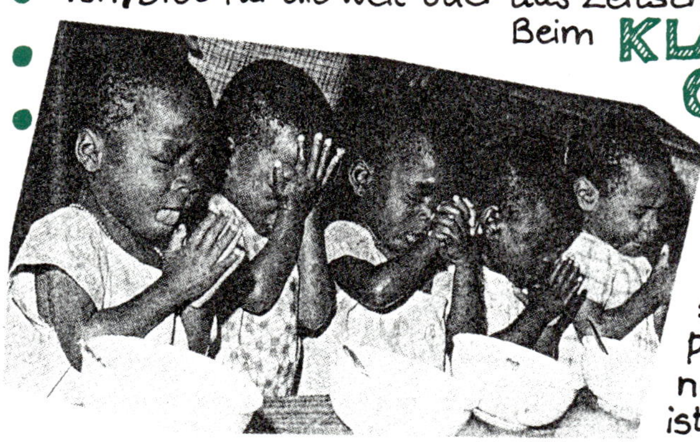

»Brot« ist das Symbolwort für Nahrung. Für viele ist Reis das tägliche Brot. Wir bitten: »Unser tägliches Brot gib uns heute«. Unzählige haben kein Brot. Sie sterben vor Hunger. Wir ehren das Brot, weil der Hunger von Millionen das Brot heilig macht.

Aus unserem Sattsein ergibt sich die Verpflichtung zu teilen und Bedürftigen zu helfen. »Wenn viele ihr Brot brechen und teilen davon aus, dann bricht auf dieser Erde ein Stückchen Himmel aus.« (H. Neubauer)

Brot

Jesus

Leben

Abendmahl

Finde die Namen der dargestellten Dinge und verändere die einzelnen Buchstaben jedes Wortes wie angegeben. Schreibe die neu entstandenen Wörter in die Lösungskästchen:

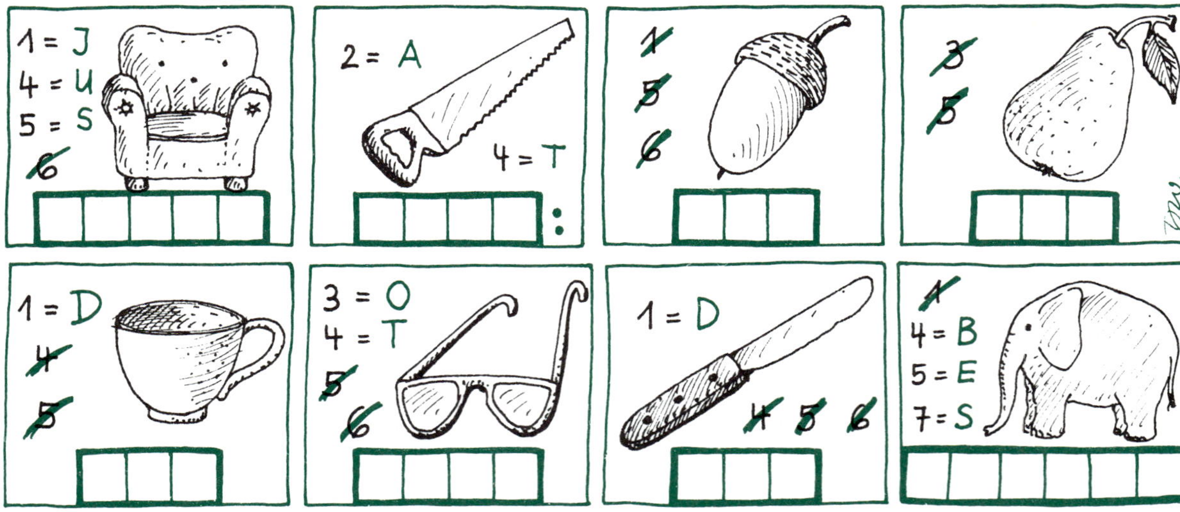

Backen

In unserem Land sind viele Kinder schon übersättigt vom Überangebot an Nahrung. Bei einer bewusst schlicht gehaltenen gemeinsamen Mahlzeit, bestehend aus selbst gebackenem Brot (in der Schulküche?) und Mineralwasser, kann sich jeder um Rückbesinnung auf die tatsächliche Bedeutung unseres täglichen Brotes bemühen.

Wir backen Brötchen

500 g Weizenschrotmehl · 350 ml Milch · 30 g Hefe · 1 TL Salz · 2 TL Zucker · Sesam, Mohn oder Sonnenblumenkerne zum Bestreuen

1 Erhitze die Milch, bis sie lauwarm ist. Gib eine halbe Tasse davon zusammen mit dem Zucker, 2 EL Mehl und der zerbröselten Hefe in ein Glas, rühre gut um und warte eine halbe Stunde. Dabei kannst du zusehen, wie die Hefe „geht": Es bilden sich Blasen und der Schaum im Glas steigt hoch.

2 Siebe das restliche Mehl in eine Schüssel, mache eine Kuhle in die Mitte und gib die restliche Milch, das Salz und das Hefegemisch dort hinein. Verknete nun alles von außen nach innen zu einem festen Teig. Wenn du den Teigkloß gründlich durchgeknetet hast, lässt du ihn in einer zugedeckten Schüssel eine Viertelstunde gehen. Dabei quillt er mächtig auf.

3 Forme nun etwa tennisballgroße Brötchen aus dem Teig und lege sie auf ein eingefettetes Backblech. Wenn du willst, kannst du die Brötchen in Mohn, Sesam oder Sonnenblumenkernen wälzen. Ritze die Oberseiten mit einem Messer ein und backe die Brötchen 25–30 Minuten im auf 230° vorgeheizten Backofen goldbraun. Stelle ein Gefäß mit heissem Wasser dazu, dann trocknen sie nicht so aus.

Wasser

Umwelt

Verant-wortung

Leben

Natur

Fortsetzung auf Seite 3

Was könnte jetzt geschehen?
Hast du auch eine Jdee?
Male die Bildergeschichte weiter!

Wir brauchen Wasser zum Leben wie die Luft zum Atmen.
So wird Wasser zum Symbol für Leben.
Wasser = Leben – im Vorgespräch die Bedeutung sauberen Wassers für die Erde und ihre Bewohner (Pflanzen, Tiere und Menschen) verdeutlichen. Jeder Einzelne kann mithelfen!

Die Bildgeschichte kann auch als Ausgangspunkt für kleine Erzählgeschichten dienen, in denen weniger die Lösung des dargestellten Problems zu sehen ist als vielmehr das zu umweltgerechtem Verhalten nötige Bewusstsein.

Natur-
erlebnis

Sensibili-
sierung

Gemein-
schaft

Feiern

Licht

FESTE FEIERN einmal anders

Das Sonnenfest

- findet zu ungewöhnlicher Stunde statt:
- Wir stehen sehr früh auf und treffen uns eine halbe Stunde vor Sonnenaufgang am verabredeten Platz. (Wer die Möglichkeit dazu hat, kann auch ein Zeltlager im Garten oder auf einer Wiese aufschlagen und die Nacht im Zelt verbringen).
- Dann brechen wir auf zu unserem SONNENAUFGANGS-SPAZIERGANG im Morgentau und begrüßen die erwachende Natur. Für den Rückweg bekommen alle eine Suchaufgabe: Wer findet etwas Raues (z.B. Baumrinde), Glattes (z.B. Eichel), Zartes (z.B. Feder), Stacheliges (z.B. Bucheckernschale), Weiches (z.B. Moos), Hartes (z.B. Stein), etwas Essbares, etwas, das nicht in die Natur gehört (Müll) – die Liste ist beliebig erweiterbar.
- Nach einem gemeinsamen Frühstück aus mitgebrachten Picknickkörben werden die Fundstücke gemeinsam begutachtet und unter den Anwesenden als Andenken an dieses Fest verteilt.

Wichtig für gutes Gelingen dieser Festvorschläge: Günstige Wetterbedingungen (warm und trocken bzw. sternklar) und sorgfältige Auswahl geeigneter Orte. Die Anzahl der Festgäste sollte überschaubar sein und alle sollten robuste Kleidung tragen (feste Schuhe, Jeans, Jacken usw.).

Das Mondfest

feiern wir in einer der Nächte um Vollmond. Wir treffen uns abends zum Sonnenuntergang und verabschieden die Sonne. Anschließend essen wir gemeinsam im Freien (jeder bringt etwas mit) und starten dann zu unserer MONDLICHT-WANDERUNG. Nach Möglichkeit sollten wir auf den Gebrauch von Taschenlampen verzichten, der Mond scheint in diesen Nächten hell genug und die Dunkelheit schärft unsere Wahrnehmung. Es ist nicht wichtig, eine lange Wegstrecke zurückzulegen, es kommt mehr auf abwechslungsreiches Gelände an. Natürlich bleiben wir immer zusammen, keiner entfernt sich von der Gruppe! Wir bewegen uns leise und vorsichtig und achten auf die Geräusche der Nacht. Wieder zurückgekehrt, erzählen wir uns beim „Mitternachtskakao" gegenseitig, was wir alles gehört und gesehen haben.

D.W.

Vielen Kindern fehlt die Möglichkeit, Naturschauspiele wie Sonnenuntergang und besonders Sonnenaufgang bewusst zu erleben. Feste wie das beschriebene Sonnenfest können tiefe, bleibende Eindrücke hinterlassen.

Diese Sonne scheint auch an Regentagen für euch

Schneidet aus gelbem Fotokarton einen großen Kreis aus (Durchmesser z. B. 40 cm), dann 8–10 Sonnenstrahlen (wie Beispiel links). Schreibt auf die Sonnenstrahlen, was die Sonne für euch ist. Klebt dann die Strahlen an den Kreis, aber alle von der gleichen Seite! Nun könnt ihr die Sonne an die Wand hängen. Soll eure Sonne am Faden von der Decke baumeln, müsst ihr die Sonnenstrahlen beidseitig beschriften und einen zweiten Kreis gleicher Größe auf die Rückseite kleben.

Glauben

Liebe

Hoffnung

Menschen brauchen Licht und Wärme zum Leben, deshalb ist die Sonne ein Ursymbol der Menschheit. In vielen Kulturen stand und steht sie als Gottheit im Mittelpunkt der Verehrung. Der Sonnengesang des Franz von Assisi ist eine christliche Entsprechung. Zum christlichen Symbol wird die Sonne, wenn es heißt: Gottes Liebe ist wie die Sonne, von der wir leben (Psalm 36,10). Religionsgeschichtlich löste der Christus den griechischen Sonnengott Helios ebenso ab wie den römischen Sonnengott Sol. Für die frühen Christen war Christus die »Sonne der Gerechtigkeit«.

Tür / Tor

Miteinander

Aufeinander zugehen

Gastfreundschaft

Toleranz

LEGE/WENDE-SPIEL

BILD 1

HERSTELLUNG: Beide Vorlagen im Maßstab 1:1 (oder nach Belieben vergrößert) kopieren. Bild 1 anhand der Randmarkierung mit Bleistift und Lineal in 16 Quadrate unterteilen. Ein Stück Pappe zuschneiden (16 x 16 cm oder größer). Bild 1 auf die Vorderseite, Bild 2 auf die Rückseite der Pappe kleben, dabei auf ganzflächige Klebung achten (Klebstoff mit einem Stück Pappe verstreichen!). Nach dem Trocknen beide Bilder bunt ausmalen, zur leichteren Zuordnung am besten in unterschiedlicher Grundtönung. Anschließend die Pappe mit Lineal und Papiermesser (Cutter) entsprechend dem aufgemalten Gitternetz sauber in einzelne Quadrate zerschneiden.

Die Tür kann als Symbol der Grenzüberwindung verstanden werden. Offene Türen machen Mauern durchlässig, wenn nicht sogar überflüssig. Offene Türen laden ein zum Miteinander, zum Gespräch und Austausch. »Wer anklopft, dem wird aufgetan.« Ob das wirklich so ist bei uns, darf diskutiert werden.

Tür / Tor

BILD 2

SPIELVERLAUF: Zuerst legen wir Bild 1 (geschlossenes Tor) aus den 16 Bildteilen: 1 Bildquadrat wird ausgelegt, der Rest kommt auf einen Haufen in die Mitte. Reihum nimmt jeder Mitspieler eine Bildkarte auf. Wenn sie passt, kann sie mit einer Aussage zum Thema „Welche Handlungsweisen führen zu verschlossenen Türen?" angelegt werden. Passt sie nicht, macht der Nächste weiter. Wenn Bild 1 komplett ist, beginnt Phase 2 des Spiels: Wir einigen uns auf eine Zahl zwischen 1 und 6 und würfeln reihum. Bei falscher Zahl kommt der Nächste dran. Bei richtiger Zahl nennt der Würfler ein Beispiel, was man tun kann, um Türen zu Mitmenschen zu öffnen und dreht ein Bildquadrat um. Das Spiel ist zu Ende, wenn alle Quadrate umgedreht wurden und Bild 2 (offenes Tor) komplett ist.

ZUM SPIEL: Bei kleineren Kindern ist es für den Spielverlauf hilfreich, im Vorgespräch gemeinsam herauszufinden, welches Verhalten Türen zu Mitmenschen verschließen (Neid, Streit, Misstrauen, Angst etc.) bzw. öffnen kann (Freundlichkeit, Hilfsbereitschaft). Konkrete Beispiele nennen lassen! Größere Kinder können ihre Aussagen spontan während des Spiels finden.

Schlüssel

Leben

Glauben

Miteinander

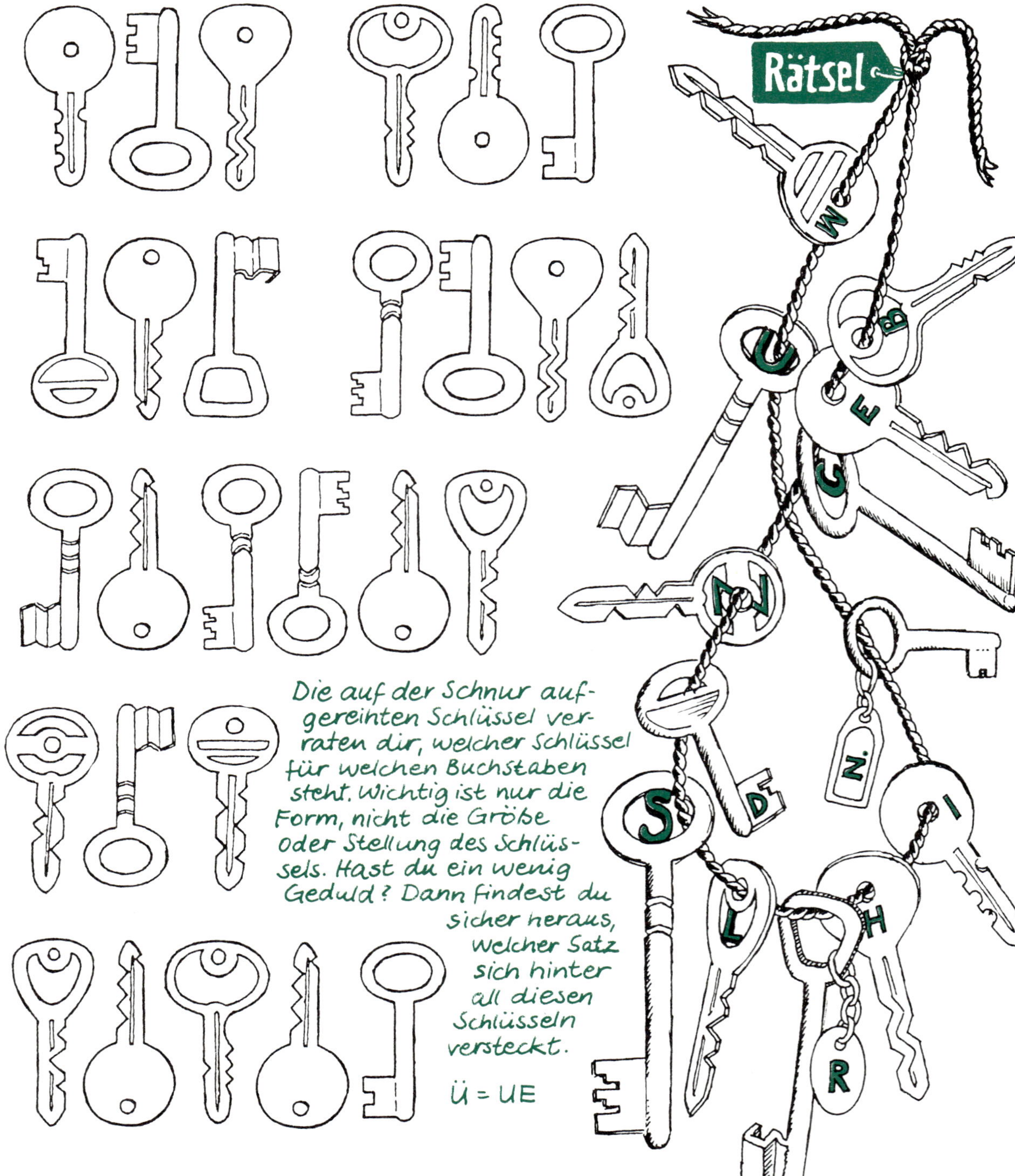

Die auf der Schnur aufgereihten Schlüssel verraten dir, welcher Schlüssel für welchen Buchstaben steht. Wichtig ist nur die Form, nicht die Größe oder Stellung des Schlüssels. Hast du ein wenig Geduld? Dann findest du sicher heraus, welcher Satz sich hinter all diesen Schlüsseln versteckt.

Ü = UE

Schlüsselwort, Schlüsselzahl, Schlüsselfigur – immer ist die entscheidende Funktion des Erschließens, des Aufschließens gemeint. Das nach Offenbarung 3,7 freigestaltete Jesuswort »Ich bin der Schlüssel zum Leben« (Rätsel-Lösung) sagt etwas über das Aufschließen im christlichen Sinne aus.

Herzensschlüssel: Jedes Kind schneidet aus Pappe einen großen Schlüssel aus, bemalt ihn und schreibt darauf, welche »Schlüssel« sein Herz aufschließen können: Anerkennung, Lob, ein freundliches Lächeln usw. Alle Schlüssel gut sichtbar aufhängen, z.B. als Mobilé.

Vergebungsschlüssel: Aus Pappe ausgeschnitten und bemalt/beschriftet, wird dieser Schlüssel immer dann überreicht, wenn einer Grund hat, um Verzeihung zu bitten.

Musik

Lebensfreude

Miteinander

Wir machen Musik mit selbst gebauten Instrumenten

Für das „GLOCKENSPIEL" aus dem Küchenschrank kannst du neben einem Schaumlöffel (flacher Schöpflöffel mit Löchern) alles brauchen, was aus Metall ist, keinen Griff aus Holz oder Plastik hat und sich gut festbinden lässt: Suppenkellen, Esslöffel, Teelöffel, Kuchengabeln, Gabeln, Dosenöffner, Schneebesen, Käsehobel, Nussknacker, Muskatreibe oder... oder... Binde die Sachen mit Bindfaden so an den Schaumlöffel, dass sie frei schwingen können. Zum Anschlagen nimmst du eine Stricknadel und/oder einen Löffelstiel.

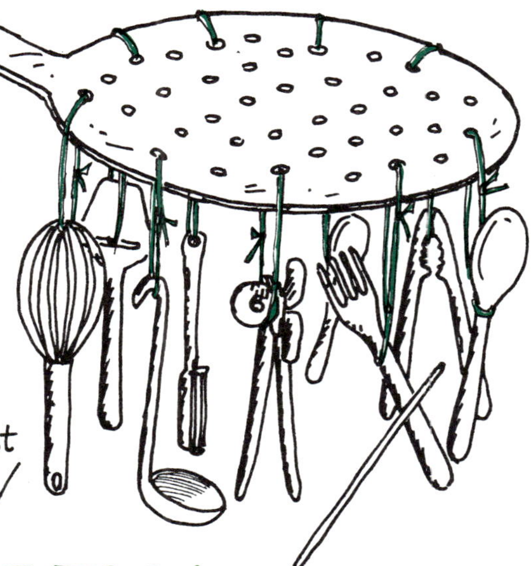

Die RUMBAKUGELN entstehen aus zwei kaputten Glühbirnen, einer alten Zeitungsseite, Kleister und farbigen Seidenpapierschnipseln. Zerreisse das Zeitungspapier in kleine Stücke und bepinsele diese mit Kleister. Beklebe beide Glühbirnen rundherum in 3–5 Lagen mit den Zeitungsstücken. Für die beiden letzten Schichten nimmst du farbiges Seidenpapier. Denke dir ein schönes Muster aus! Lasse alles gut trocknen (2 Tage!). Zerschlage dann das Glas der Glühbirnen an einer Tischkante. Im Inneren der Form rascheln die Glasscherben, wenn du die Rumbakugeln schüttelst.

Musik öffnet die Herzen – selbst gemachte Musik mit selbst gebauten Instrumenten macht allen Kindern Spaß. Die Auswahl an Instrumenten lässt sich beliebig erweitern: Rasseln aus Blechdosen, Joghurtbechern und Ähnlichem mit unterschiedlichen Füllungen, Trommeln aus Waschpulvertonnen, Holzbrett-Drahtharfen und vieles mehr.

Weg

Wille

Erfolg

Geduld

Der Weg ist seit uralter Zeit Sinnbild für das menschliche Leben. Die Lebens-Wege können unterschiedlichster Art sein, aber alle haben einen Anfang und ein Ziel. Weggabelungen fordern Entscheidungen, oft die Entscheidung zwischen Gut und Böse.

Jeder Mensch muss seinen ureigenen Weg finden und seine eigenen Erfahrungen machen. Niemand kann sie ihm abnehmen, auch wenn der Weg sich als Umweg oder Irrweg erweist.

Weg

Lebensweg

Gemeinschaft

Familie

Freundschaft

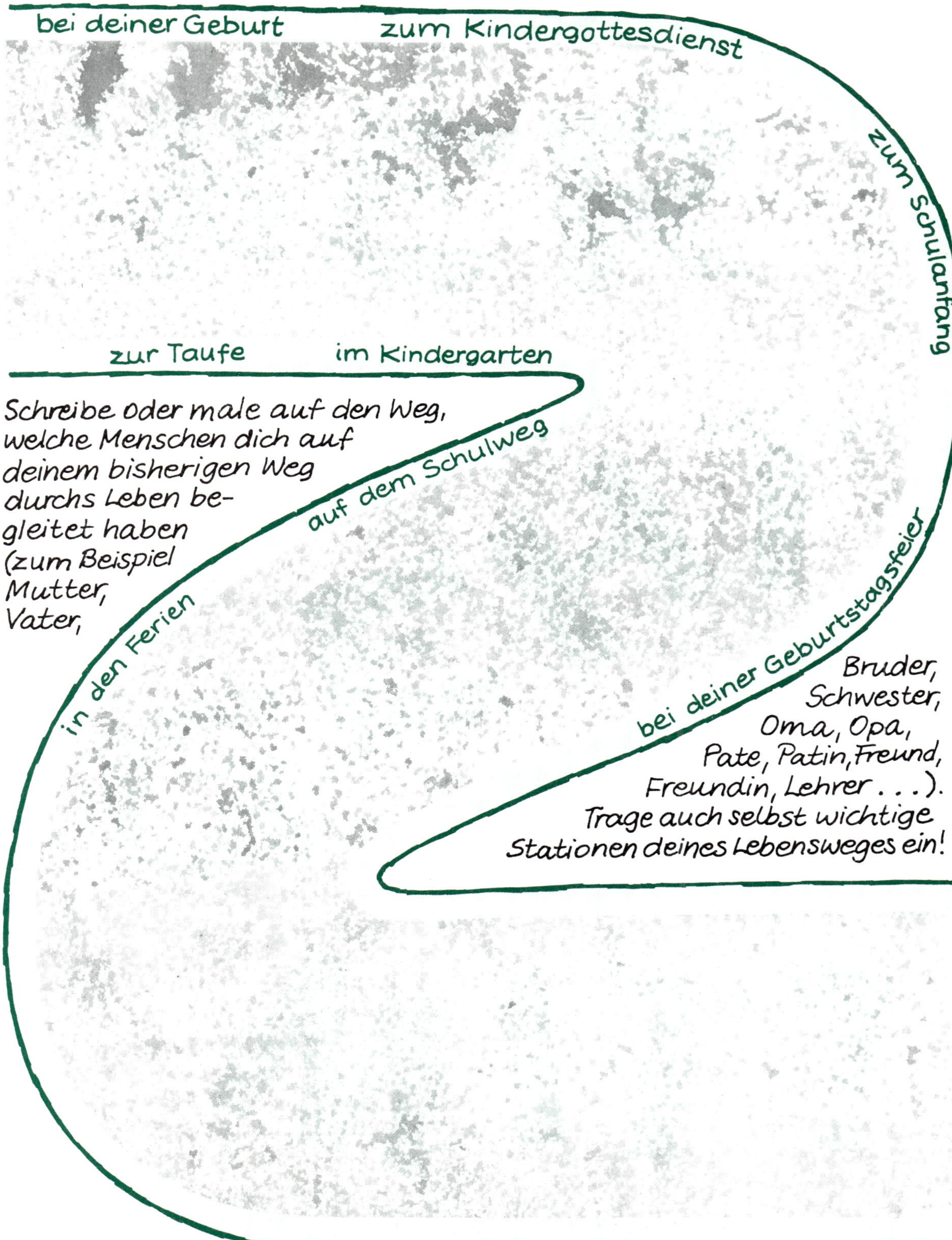

Schreibe oder male auf den Weg, welche Menschen dich auf deinem bisherigen Weg durchs Leben begleitet haben (zum Beispiel Mutter, Vater, Bruder, Schwester, Oma, Opa, Pate, Patin, Freund, Freundin, Lehrer . . .). Trage auch selbst wichtige Stationen deines Lebensweges ein!

Jeder Mensch braucht auf seinem Lebensweg Weggefährten, die ihn ein Stück begleiten und ihm die nötige Orientierung und Richtung geben. Ich bin nicht allein auf meinem Weg – diese Erfahrung macht Mut und kann trösten.

E1
E1
E2
E2
E2
E3
E3
E3
H
H
H
H
H
H
H
H
H
Start

Diese Doppelseite wurde aus bindetechnischen Gründen durch einen weißen Mittelstreifen getrennt. Bitte die erste Kopie passgenau als Kopiervorlage zusammenkleben.

Spielanleitung und weitere Hinweise sind auf Seite 48 zu finden.

Brücke

Helfen

Gemeinschaft

Miteinander

Brücken verbinden und überwinden Trennendes. Jeder kann ein Brückenbauer sein: Ein Händedruck kann eine Brücke sein, ein freundliches Wort, ein Lächeln, ein Lied … »Brücken bauen heißt vertrauen, komm, hab Mut zum ersten Schritt. Brücken schlagen, nicht verzagen, komm, sei fröhlich, mach doch mit.« (Susanne Tönsmann)

Das Brückenspiel

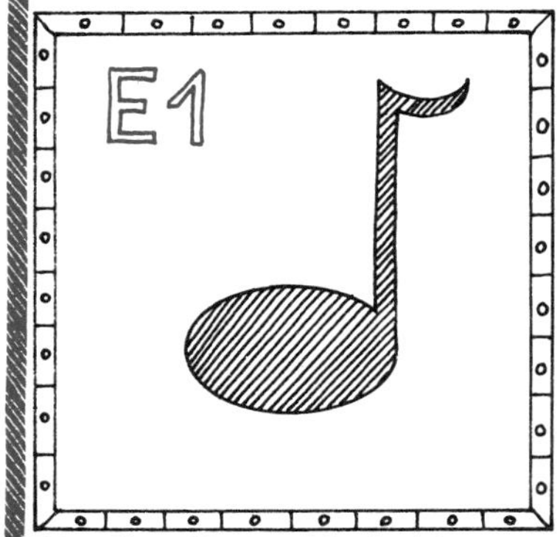

Wer diese Karte nicht hat, kann nur mit einer 1 (1 Versuch) den kurzen Weg gehen, sonst muss der Umweg genommen werden.

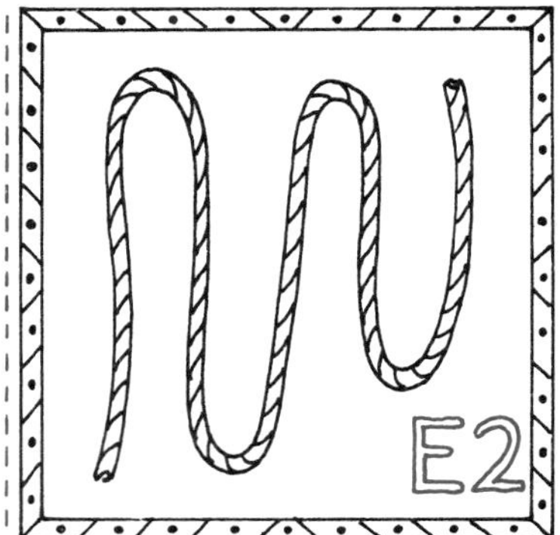

Wer diese Karte nicht hat, muss in eine Sackgasse gehen und eine 6 würfeln, um umkehren zu können (3 Versuche).

Wer diese Karte nicht hat, muss vor dem Würfeln einen Tipp abgeben. Nur wer nach 2x würfeln die richtige Zahl hat, darf durch die Höhle ziehen.

Wer diese Karte nicht hat, muss 1x aussetzen, um Mut zu fassen.

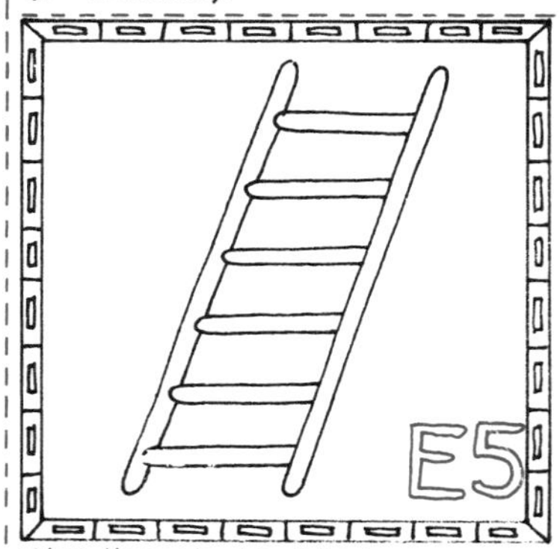

Wer diese Karte nicht hat, muss den nächsten Wurf rückwärts gehen, um Schwung zu holen.

Die Ereigniskarten 3x kopieren, ausschneiden, auf gleich große Pappkärtchen kleben und farbig ausmalen (gleiche Karten = gleiche Grundfarbe). Wer will, kann sich die Kärtchen auch selbst malen.

Bei 2 Spielern 5 E-Karten, bei 3-4 Spielern 10 E-Karten, bei 5-6 Spielern 15 E-Karten im Spiel einsetzen.

Spielanleitung

MATERIAL: 1 Würfel · 1 Spielstein pro Mitspieler · 15 Ereigniskarten · verschiedene Kleinigkeiten wie Bonbons, Schokolade oder Kekse

Durch Auswürfeln wird die Startfolge ermittelt: Wer die höchste Zahl würfelt, fängt an.

Spielidee: Ulrich Walter

DAS SPIEL: Im ersten Teil können die Spieler auf den Hilfsfeldern (H) etwas bekommen. Sie können sich Bonbons usw. zur Stärkung für sofort nehmen oder eine der verdeckt auf einem Stapel liegenden Symbolkarten (E) aufdecken. Diese Karten helfen ihnen im weiteren Verlauf des Spiels.
Dort gibt es Felder, auf denen eine Aufgabe zu bewältigen ist (E). Wer die entsprechende Karte hat, kommt weiter. Die anderen müssen Umwege gehen, aussetzen usw. wie unter den Abbildungen oben angegeben. Wer einen Tauschpartner findet, kann die benötigte Karte gegen 3x aussetzen (der Tauschpartner erhält die Würfe) eintauschen.